Berlino: la città e la sua storia

Questa è la nuova Berlino: eccola alla soglia del terzo millennio mentre sta abbandonando definitivamente il vecchio. Petardi e fuochi d'artificio si sono spenti già da tempo, le bottiglie di champagne sono state smaltite, tutti gli inni sono stati cantati. La rete degli epiteti è stata tessuta altisonante: più grande, più cara, più nobile, più pomposa, più ricca, più affascinante, più luminosa, più consapevole del suo potere, più intelligente, più scintillante, più veloce, più spiritosa, più immorale di tutte le grandi città d'intorno.

Tre metropoli segneranno il vecchio mondo: Londra, Parigi e Berlino. I superlativi sono da utilizzare c[illegible] Sono soggetti ad una data di scadenz[illegible] proprio della mani[illegible] ze nefand[illegible] superbia. [illegible] parte non [illegible] ma che s[illegible] e sono stati svezzati [illegible] loro misurata dose di sano scetticismo. [illegible] è la saggezza: «Uns kann keener». E' un'espressione che al tempo stesso è facile e difficile da tradurre.

La casa Paul Löbe sulla Spree ▽

E' un'espressione che sta ad indicare che il timore nei confronti delle autorità si mantiene entro limiti accettabili come pure il rispetto nei confronti di tutto ciò che ancora non è mai esistito. Chiarimenti sulla storia dell'espansione della città si trovano in uno specchietto cronologico a pagina 6 e 7. Qui basti questo: gli impulsi decisivi sono sempre arrivati da fuori. E' logico, se si considera che l'arteria vitale tra la costa dell'ambra del Mar Baltico ed i territori delle profondità ucraine pulsava attraverso la zona di insediamento berlinese al pari dell'arteria che correva dalle miniere di salgemma del sud alla glaciale Novgorod. La regione di per sé ha ben poco da offrire: segale e legno di quercia. Il ferro e gli attrezzi di bronzo provenivano dai Monti Metalliferi. Le pellicce e le pelli dalla Russia. I tessuti dalle Fiandre. Tra le merci garantite dai documenti di vettura sono annoverati: seta, zafferano, zenzero, pepe, vino, aringhe. Venne meno il potere dei conventi che deteneva il monopolio del sale, della birra e del calcio. I cittadini cacciarono dalla città gli abati. Particolarmente timorati di Dio i Berlinesi certo non si sono mai mostrati.

Altri comuni della grande area di lingua tedesca erano ben più importanti: Colonia, Augusta, Norimberga, Treviri, Lubecca, Lüneburg, Magdeburgo, Stralsund. Un terror panico nei confronti di tutto ciò che è nuovo qui non vi è mai stato. Quando il 30 aprile 1415 al Concilio di Costanza il re infeudò Federico IV con la marca del Brandenburgo, il probo burgravio di Norimberga si definì, senza frapporre tempo in mezzo, «Principe Elettore del Sacro Romano Impero di Nazione Germanica e Margravio del Brandenburgo». Suonava bene per i futuri protetti. Gli stati sociali giurarono fedeltà al novello il 18 ottobre dello stesso anno e gli rimisero un «Atto di fedeltà». Si decise di scendere a patti col potere piuttosto che affrontare una guerra sanguinosa. I devoti del Reno, gli Ebrei dall'Austria, i Boemi, gli Ugonotti: tutti vennero, tutti sono stati integrati. Il Vecchio Fritz fissò per scritto quello che il popolo comunque pensava: ognuno era libero di beatificarsi alla sua maniera.

La storia più recente della capitale è segnata da quattro date: 1871, allorquando Berlino divenne capitale dell'Impero Germanico; 1945, quando Berlino, come capitale del Reich, venne invasa dalle truppe dell'Armata Rossa; 1961, l'anno in cui il muro si fece strada in una notte di agosto; 1989, data in cui Berlino est e Berlino ovest vissero il crollo del muro dopo 28 anni di separazione.

Chi getta uno sguardo critico sulla Berlino 2000, inquietante, sospetta (qualunque cosa ci si immagini...), vede una città con milioni di abitanti, inconcepibile senza la Berlino degli anni 1871, 1945, 1961 e 1989. L'affascinante epiteto di «capitale tedesca» circolava nelle varie cerchie, il cattivo presagio di una possibile imprevedibile «Repubblica berlinese» fece il giro politico dei gabinetti europei. Bonn era come dire gaia tranquillità renana, era sinonimo di avite virtù tedesche: vita per bene, chiusura dei negozi alle sei di sera e niente clacson dopo le dieci.

E Berlino, di grazia... con cosa poteva essere identificata?

Magari con la fretta e la caccia, coi lustrini e la futilità, una dimensione a mezzo tra la scienza e la mondanità?

Niente di tutto ciò si è avverato: il trasloco del parlamento e del governo si è svolto senza intoppi e senza accumulare polvere, la febbre dell'oro non c'è stata, le sedie sono state sistemate senza far rumore, gli affitti non sono andati alle stelle (sono addirittura diminuiti), i politici non si sono arenati dietro a Wolfsburg, i funzionari non fuggivano regolarmente il giovedì sera, ma recuperavano la loro schiatta solo per il fine settimana e infine per sempre. I costi per la costruzione dei ministeri sono stati di un'effervescenza contenuta. Governanti e governati sono segnati dalla normalità del potere e dalla valutazione pragmatica dell'impotenza. La sciccheria sparge i suoi baci, la scienza si lambicca il cervello, gli invidiosi si scandalizzano, gli ottimisti giubilano, i cuochi da mille stelle friggono, i tenori cercano il do di petto, i pessimisti sono in cerca di baratri senza fine, le amazzoni fanno l'occhiolino, le sirene tubano. Il giorno ha i suoi sognatori, la notte i suo appassionati.

E' un segno di mediocrità? E' normalità? Assolutamente no. Sulle scene operano intendenti che gustano ogni stroncatura come fosse un conforto. Nelle fosse orchestrali dirigono le grandi star mondiali, che addolciscono la loro fama con l'oro... battuto letteralmente al ritmo. Nelle gallerie si pro-

Reichstag con la cupola di cristallo ▽

digano per effettuare delle stime ingegni lungimiranti, avvezzi a calcolare a sette cifre. Mammona e musa sono gemelli siamesi. Chi vuole separare l'arte dal commercio è troppo buono o è troppo ingenuo per il mondo dello show business. Gli affari globali intorno alla genialità non sono fatti per un piatto di lenticchie e per pochi spiccioli.

La politica della Berlino 2000 non è un gioco pedagogico fatto coi castelli di sabbia normalizzati e neppure un bisticcio sulle rette degli asili nido sovvenzionati. Niente dibattiti su come cucinare la minestra e sullo sporco provocato dal sale per la neve. I dignitari comunali sono abituati a maneggiare Rubens e Picasso, trenta palcoscenici ed una cornucopia ripiena di interpreti e mimi. E con un fondo cassa per la cultura di miliardi. Niente panchine per il verde delle zone pedonali.

Non si può negare, e deve essere così: anche l'arroganza della grandezza mischia le sue carte nel mazzo. Nessuno si informa seriamente riguardo a conflitti latenti tra città e dintorni. Sono tutte faccende secondarie. Quattro milioni di persone che vivono stipate. Chi capisce quanto sono vicine non solo Potsdam e Francoforte/Oder, ma soprattutto Stettino e Praga, la Polonia e la Repubblica Ceca, individuerà il tratto essenziale, il primato

▽ *Potsdamer Platz con Sony Center*

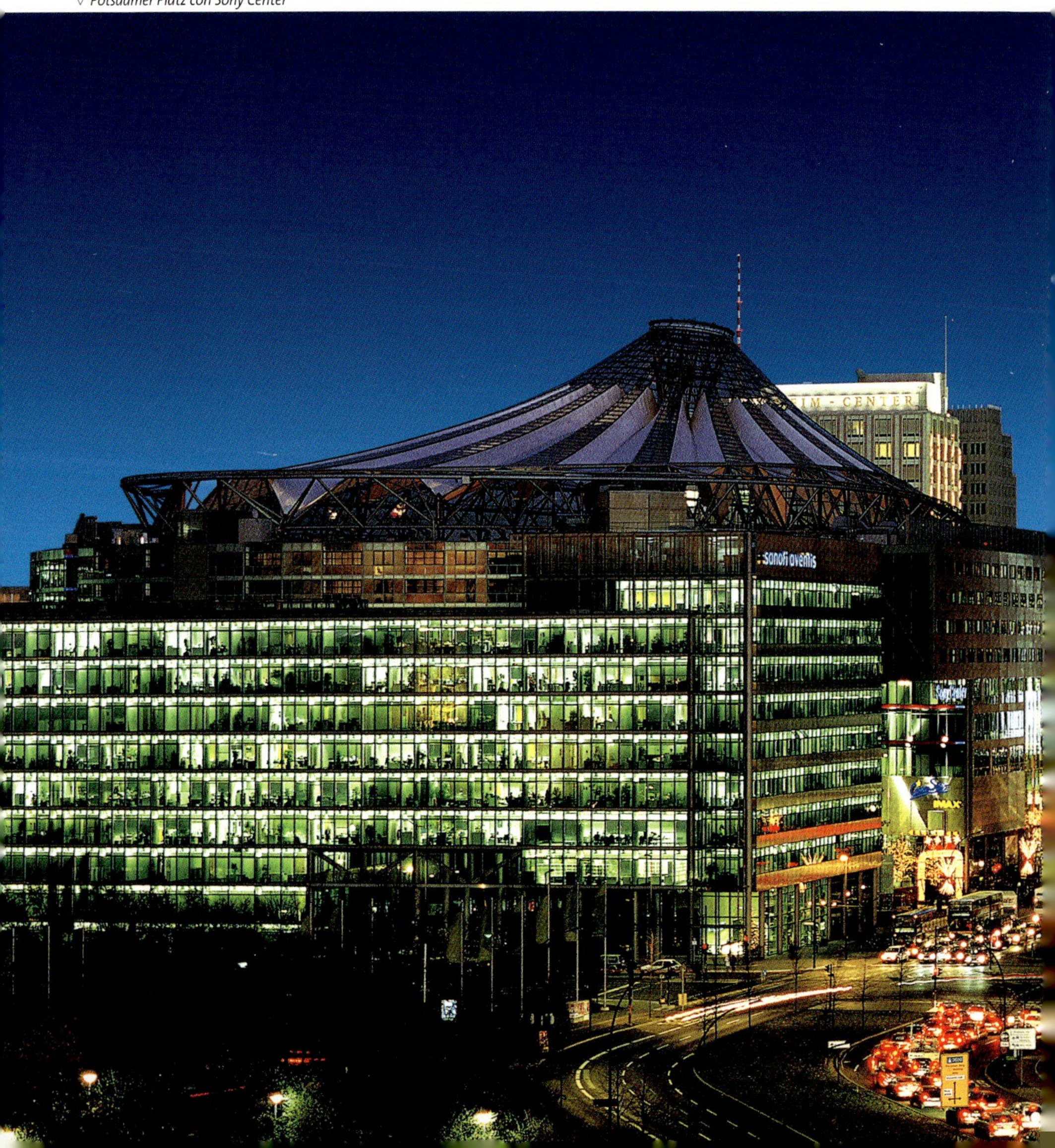

europeo di tale dimensione, identificherà le chance ed i doveri di una piazza di trasbordo di uomini, idee, capitali e servizi. Quando un secolo fa la ferrovia cominciò a conferire alla città imperiale di Berlino i suoi tratti caratteristici, e la città, che era stata anche troppo spesso abbandonata, cominciò a trasformarsi da residenza piccola borghese in un'enorme fucina, in un moloch della rivoluzione industriale ricoperto di fuliggine: quella Berlino del 1900 era un enorme stazione di trasbordo.

Ormai nella Berlino del terzo millennio, sul punto d'incrocio delle trame dell'Unione Europea, con una moneta comune e senza barriere, l'acre fuliggine e l'aria perbene piccolo borghese appartengono al passato. Mente sveglia e tolleranza, coraggio e calcolo, voglia di azzardo e cocciuta ostinatezza, ecco quello che conta. In breve: una continua contraddizione di termini regna sovrana. E nessuno dirà ai Berlinesi a chi si dovranno eventualmente rivolgere in caso di rischi ed effetti secondari: nessun farmacista e nessun medico!

Questa perenne lacerazione tra passato e futuro, tra forte e piano, tra sopra e sotto, tra bene e male: questa è Berlino!

Specchietto conologico di storia cittadina

Intorno al 50.000 a. Cr.

Nella zona dell'odierno quartiere di Neukölln, al sud di Berlino, vivevano degli uomini: è testimoniato da residui ossei trovati in una cava di ghiaia.

Intorno al 9.000 a. Cr.

Sul ruscello Tegeler, al nord di Berlino, esiste un insediamento di cacciatori di renne.

Intorno al 3.000 a. Cr.

Ritrovamenti di cosiddetti bicchieri a imbuto testimoniano nell'odierna Berlino Britz che vi erano insediamenti domestici dotati di un certo comfort.

946

Fondazione dell'episcopato di Havelberg.

948

Fondazione dell'episcopato del Brandenburgo.

1134

Albrecht l'Orso, della stirpe degli Ascani, ordinato margravio dall'imperatore Lotario III, sottomette il paese.

1180

Fondazione del convento di Lehnin. Gli abati inviano i monaci nei dintorni. Essi bonificano le paludi e coltivano i campi dei bassopiani lungo la Sprea, fra l'altro anche là dove oggi si trova il Reichstag, il la Cancelleria federale, la Porta di Brandenburgo, la via Unter den Linden e la Friedrichstraße.

1237

Il 28 ottobre viene citata per la prima volta la località di Cölln lungo la Sprea.

1244

Per la prima volta in un documento compare il nome «Berlino». Il nome è collegato probabilmente ad Albrecht, detto «L'Orso». Questi però non era assolutamente dotato di una forza orsina, ma proveniva dalle zone intorno a Bernburg nel Harz.

1251

Concessione alla città di Berlino della franchigia doganale, grazie alla quale essa attraversa un primo periodo di prosperità economica. Fiorisce il commercio di tessuti dalle Fiandre così come dello stoccafisso e delle aringhe che provengono dai porti marini. La birra berlinese è molto rinomata e viene spedita ad Amburgo ed a Lubecca. I cittadini ricchi bevono vini di provenienza spagnola, greca ed italiana. Il vino locale prospera a Berlino, sull'Oder o nei dintorni di Guben e Cottbus.

1261

Per la prima volta Berlino viene citata come sede governativa della corte margravia («aula berlin»): si trovava presso l'odierna Klosterstraße (Berlino centro).

1272

Il mestiere dei fornai, stilando un primo atto come corporazione, può venire considerato come la pietra miliare delle corporazioni delle arti e dei mestieri, che con le loro disposizioni regolavano il diritto e le leggi, i doveri ed i costumi. Sorse così una forma di democrazia di base, nella quale durante il medioevo i «mastri» rappresentavano il pilastro sociale patrizio non aristocratico. A differenza di quanto avveniva nelle dinastie aristocratiche, nelle corporazioni con il talento, l'onestà e l'operosità potevano spianarsi la via anche coloro che provenivano dai bassi ceti.

1280

Nello stemma dei pellicciai compaiono per la prima volta due orsi, in piedi, uno di fronte all'altro, Per ora però come sigillo d'ufficio veniva ancora utilizzata l'aquila del Brandenburgo. Solo nel 1338 l'orso, camminando a quattro zampe, diventerà lo stemma ufficiale delle autorità. E sino ad oggi è rimasto il fiero animale araldico di Berlino.

1285

Per la sepoltura degli uomini abbienti viene introdotto l'uso delle bare. Donne e poveri vengono avvolti in sacchi.

1294

Prima citazione della Marienkirche.

1307

I rappresentanti delle corporazioni dei «quattro mestieri» dei fornai, dei calzolai, dei macellai e dei fabbricanti di panni si accordano per formare una «unio», che rappresenterà al tempo stesso anche una federazione delle due località di Berlino e Cölln. Le due parti della città sono collegate da un ponte rudimentale, il Mühlendamm.

1411

L'imperatore Sigismondo costituisce il burgravio di Norimberga, Federico IV, della linea franca del casato degli Hohenzollern, governatore con diritto di trasmissione ereditaria della carica. Gli Hohenzollern d'ora innanzi regneranno sul Brandenburgo e, a seguire, sulla Prussia e sull'Impero Germanico. Solo il 9 novembre 1918 tale dominio termina con l'abdicazione di Guglielmo II, che lascia Berlino per sempre.

1538

La nuova marca del Brandenburgo diventa luterana.

1539

La vecchia marca del Brandenburgo diventa luterana.

1640

Quando Federico Guglielmo, che dopo la battaglia di Fehrbellin viene chiamato rispettosamente il «Grande Principe Elettore», prende in mano il potere deve gestire uno stato esausto. Dopo la guerra dei trent'anni il numero degli abitanti era sceso a meno di 6.000.

1647

Il 16 aprile il principe elettore ordina di piantare dal Ponte Nuovo fino alla Porta di Brandenburgo alberi di tiglio e noci. Fu così che nacque la futura arteria vitale e strada di passeggio berlinese «Unter den Linden».

1685

Con l'editto di Potsdam dell'8 novembre la Prussia si offre come paese di immigrazione per gli Ugonotti, vittime di persecuzioni religiose. Tale passo ha segnato in maniera duratura la storia di Berlino e la politica prussiana. Si stabiliscono elementi trainanti del commercio, dell'artigianato, della scienza e dell'arte. Il numero degli abitanti sale fino a quasi 30.000.

1701
Il principe elettore Federico III, in carica dal 1688, viene incoronato re di Prussia il 18 gennaio nella sua città natale col nome di Federico I.

1704
Prima pubblicazione della Vossische Zeitung, che diventerà la prima testata nazionale di rilievo con diffusione anche al di fuori dello Stato. La censura è un'ovvietà politica, viene gestita però con spirito liberale.

1713
Entra in carica Federico Guglielmo I, che come «re soldato» riforma l'esercito in misura mai vista e riarma lo Stato. L'ambasciatore francese osservava con un certo presentimento: «Altri Stati hanno un esercito: la Prussia è un esercito, che ha uno Stato».

1721
Nel Lustgarten viene inaugurato il primo caffè. In un servizio da tè cinese di ceramica sottilissima viene offerto il «Nectarischer Caffeetrank».

1737
A partire dal 1721 sono state costruite in via Unter den Linden un migliaio di case nuove.

1740
Subentra il nuovo monarca Federico II, che vara molte riforme. Permette una lotteria, la prima a Berlino, con 20.000 biglietti da 5 talleri l'uno. Ed abolisce la censura di stampa.

1742
Il 7 dicembre viene inaugurato il teatro lirico in via Unter den Linden, l'»Opernhaus», con la rappresentazione di «Cesare e Cleopatra» di Grauns.

1744
Inizio dei lavori a Sanssouci.

1764
Giunge a Berlino Giacomo Casanova e alloggia nell'albergo «Drei Lilien». In seguito, nelle sue memorie, il galante veneziano nobilita la semplice locanda chiamandola «Hôtel della città di Parigi».

1778
Arriva a Berlino Johann Wolfgang von Goethe e risiede nel miglior albergo del posto, il «Gasthaus zur Sonne», in via Unter den Linden.

1789
Wolfgang Amadeus Mozart viene a Berlino e alloggia nel «Schwarzer Adler». Ringraziando rifiuta la carica di maestro di cappella di corte offertagli da Federico Guglielmo II.

1791
Dal 6 agosto la Porta di Brandenburgo è aperta a tutti. Solo nel 1796 verrà coronata con la quadriga: per un totale di 111.000 talleri.

1804
Arriva a Berlino Friedrich Schiller ed alloggia all' «Hôtel de Russie»: lo stesso albergo in via Unter den Linden in cui aveva già soggiornato Goethe. Era cambiato solo il nome.

1848
Rivoluzione a Berlino. Il re Federico Guglielmo IV corre seriamente pericolo di venire rovesciato dal trono. Suo fratello Gugliemo deve fuggire. In seguito subentrerà in qualità di reggente al posto di suo fratello mentalmente ottenebrato (26.10.1858), venendo incoronato re (2.1.1861) ed infine imperatore a Versailles (18.1.1871).

1888
L'anno dei tre imperatori. Morto Guglielmo I, prende il «potere» per 99 giorni il figlio Federico III, segnato dalla morte. Bismarck gestiva il regno con la preoccupazione che le influenze inglesi potessero diventare troppo potenti. Gugliemo II fa della Prussia e della Germania una nazione dove risuona lo stridio delle armi.

1914
Inizio della prima guerra mondiale.

1918
L'ultimo imperatore tedesco abdica.

1920
Nasce la grande Berlino. Numero di abitanti: 3,8 milioni.

1933
Hitler prende il potere. Incendio del Reichstag il 27./28.2; vengono bruciati i libri in piazza dell'opera.

1936
I giochi olimpici a Berlino

1939
Inizia la seconda guerra mondiale

1943
Primo pesante attacco aereo su Berlino.

1945
Suicidio di Hitler e capitolazione dell'esercito tedesco. La città, divisa in quattro settori, diventa la sede della commissione alleata di controllo.

1948/1949
I Sovietici bloccano i settori occidentali. Due milioni di uomini ricevono rifornimenti per mezzo del ponte aereo.

1961
Costruzione del muro.

1989
Il muro cade.

1990
Riunificazione della Germania

1999
Inizio delle attività governative a Berlino.

2001
23 rioni cittadini vengono fusi in 12 distretti.

2009
9 novembre: I berlinesi e gli ospiti da tutto il mondo festeggiano il 20° anniversario della caduta del muro.

2010
La gran parte dei preparativi per la ricostruzione del Stadtschloss (castello di Berlino) è stata avviata.

△ *Nuovo Museo* ▽ *Antica Galleria Nazionale*

Alexanderplatz ▷

park inn
GALERIA
U
Alexanderplatz

Kurfürstendamm

Charlottenburg-Wilmersdorf

Cento anni fa, al di fuori del nucleo urbano tradizionale, nacque un costoso quartiere residenziale e commerciale: il «Neue Westen» lungo il Kurfürstendamm, in origine una pista battuta, nel 1550, nei territori di caccia. Nel 1875 Bismarck già aveva i primi progetti, 25 anni più tardi la Deutsche Bank finanziò la febbre dell'oro con gli immobili. Il progresso si avviò rapidamente ed in maniera stabile. Residenze di lusso, ristoranti, uffici, ambulatori, pasticcerie, locali notturni, teatri e gallerie divennero il punto di richiamo per il nuovo, per ricchi e nuovi ricchi. Ma ciò che conquistò i boulevards furono soprattutto i cinema. Il «Marmorhaus» (la casa di marmo), inaugurata nel 1912, è il più vecchio «Kintopp» rimasto in piedi, ricco di tradizione alla pari dell' «Astor». Dopo il blocco e la costruzione del muro il «Kudamm» divenne l'arteria vitale della parte occidentale della città; e nonostante non siano mancate le grida degli uccelli di malaugurio, tale lustro è rimasto. Oggi vi si trovano la grandi case di moda e le case di designer raffinati. Punto d'attrazione al pari di una volta sono anche l'**Hotel Kempinski** e il **Caffé Kranzler**: stessa ubicazione, ma con un nuovo look.

▽ *Scultura «Berlino»*

SCULTURA «BERLINO»

Charlottenburg-Wilmersdorf, Tauentzienstraße

I coniugi Martin Matschinsky e Brigitte Denninghoff erano fra quegli artisti europei che nel 1987 vennero incaricati dal Senato, in occasione dei festeggiamenti per l'anniversario dei 750 anni, di creare una scultura che simboleggiasse la Berlino del 20° secolo uscente. La loro opera, «Berlino», è diventata una delle più ammirate: essa esprime potentemente la lacerazione. Anche oggi la scultura non ha perso niente della sua attualità.

CITY

Charlottenburg-Wilmersdorf
Kurfürstendamm, Tauentzienstraße

Bahnhof Zoo · KaDeWe · Europa-Center

Fin dagli anni '20 La Tauentzienstraße è il bazar gorgogliante della città, grazie alla sua vicinanza alla stazione ferroviaria **Bahnhof Zoo**. Le grandi roccaforti dello shopping, dai colori cangianti ed illuminate fino a tarda notte, attirano con articoli appariscenti da designer alla stessa stregua le giovani generazioni che vivono volutamente all'insegna della moda e le annate più mature, ben rifornite di mezzi, con lo sguardo rivolto piuttosto

▽ *Caffè Kranzler sulla Kurfürstendamm*

Kurfürstendamm ▽

Bahnhof Zoo ▽

all'eleganza. Ed è impensabile passeggiare in centro, lungo la «Tauentzien», senza fare una lunga sosta nel **KaDeWe**, il più grande tempio consumistico d'Europa. Situato sul lato opposto del «Romanische Café», famoso in tutto il mondo, che a suo tempo attirava scrittori come Brecht e Kästner, dove Albert Einstein leggeva i giornali del mattino ed il campione di scacchi, Emanuel Lasker, fumando una sigaretta dopo l'altra giocava a soldi una partita dopo l'altra con pittori famosi, quali il giovane Oskar Kokoschka (povero in canna), si trova oggi l'**Europa-Center**, tutto restaurato. Qui, in vista del **Breitscheidplatz**, abitavano allora il ministro degli esteri ed il cancelliere Gustav Stresemann, ed inoltre Emil Nolde. Nell'inverno 1944/1945 queste case finirono sotto i bombardamenti. Oggi al posto dei palazzi guglielmini borghesi si stagliano contro la sykline della city west palazzi amministrativi postmoderni, che formano il centro commerciale del nuovo dipartimento di Charlottenburg-Wilmersdorf. Risplende superlativamente all'incrocio con la Joachimstaler Straße il nuovo palazzo di vetro dell'architetto di grido Helmut Jahn.

▽ *Europa-Center*

△ *Caffè-terrazza «Tiffany's»* ▽ *Breitscheidplatz/Fontana a globo (1983)* △ *Orologio ad acqua*

Chiesa Commemorativa Kaiser-Wilhelm-Gedächtniskirche

Charlottenburg-Wilmersdorf, Breitscheidplatz

Dal 1891 al 1895 l'architetto Franz Schwechten eresse, a memoria del primo imperatore tedesco del casato degli Hohenzollern, la chiesa commemorativa Kaiser-Wilhelm-Gedächtniskirche. La chiesa, costruita in stile tardo-romantico renano, con una torre alta 113 metri, e dove nel 1899 debuttò come organista il teologo Albert Schweitzer, venne devastata dai bombardamenti, così che nel 1956 il Senato pensò di far radere completamente al suolo la rovina. Ma una unanime tempesta di disapprovazione in tutta Berlino costrinse al ripensamento. Nell'autunno 1963 un architetto di Karlsruhe, il professor Egon Eiermann, portò a termina l'ardita combinazione di vecchio e nuovo: da allora la voce popolare chiamò quest'opera, divenuta il simbolo indiscusso del dopoguerra di Berlino Ovest, non senza rispetto «Rossetto e portacipria». Di recente sono state restaurate sia le mattonelle in vetroceramica blu scure delle costruzioni nuove, sia i preziosi mosaici che si trovano nel tronco sopravvissuto della torre e che sono allegorie uniche degli imperatori tedeschi: il tutto risplende di una silenziosa armonica bellezza. Da non perdere: i concerti domenicali serali d'organo.

▽ *Gedächtniskirche, altare e Croce di Cristo*

Chiesa Commemorativa Gedächtniskirche ▷

Castello di Charlottenburg

Charlottenburg-Wilmersdorf
Spandauer Damm, Luisenplatz

Le discussioni sulla ricostruzione del vecchio Stadtschloss (castello di città) berlinese nel Lustgarten sono state condotte con un certo accanimento ed hanno focalizzato l'attenzione anche sul secondo castello del nucleo urbano berlinese, il castello di Charlottenburg. Dopo un disastroso attacco aereo, effettuato il 23 novembre 1943, del complesso architettonico di Charlottenburg, che con i suoi 505,5 metri è uno degli edifichi tedeschi di maggior estensione in lunghezza e che fu terminato sotto l'egida di Federico il Grande, non rimase altro che l'ossatura o poco più. Ma dopo che era stato fatto saltare in aria lo Stadtschloss (situato nella parte est della città), i politici (occidentali) riconsiderarono la loro responsabilità in merito. Ricostruirono quindi l'edificio, ben consapevoli del fatto che sin dal 19° secolo una buona parte della dotazione originaria era già stata asportata altrove. Malgrado ciò il castello è storicamente significativo. Situato nel paese di Lietzow, era stato concepito inizialmente dall'architetto Johann A. Nehring come residenza estiva per Sofia Carlotta, la sposa del principe elettore Federico III. Ma non

▽ *Castello di Charlottenburg*

appena nel 1701 il principe degli Hohenzollern riuscì ad ottenere la dignità regale, egli fece immediatamente ampliare l'edificio col massimo sfarzo. Eosander von Göthe annesse all'edificio la torre a cupola, la grande orangerie e l'ala di corte, ma il completamento finale è stata opera di Georg W. von Knobelsdorff, che creò un capolavoro aggiungendo all'ala orientale nuovi sfarzosi locali. Dopo la morte di Federico il Grande, che risiedeva raramente nel Stadtschloss, dimorando alternativamente a Sanssouci e a Charlottenburg, suo nipote, Federico Guglielmo II, commissionò a Carl Gotthard Langhans il piccolo teatro del castello, il «Kleine Schlosstheater». Anche il Belvedere nel parco del castello, concepito come casa da tè, è opera di Langhans. Oggi vi è esposta la più importante collezione di porcellane berlinesi, con le opere dei primi tempi di Wilhelm Caspar Wegely, l'industriale e pioniere pressoché dimenticato della manifattura prussiana (1751). Ma di maggior pregio, e più interessante da un punto di vista storico, è il gabinetto delle porcellane allestito nel castello all'inizio del 18° secolo: vi si trovano le classiche porcellane cinesi bianche e blu del 17° secolo. Dopo le pesanti perdite belliche molti pezzi unici sono stati accaparrati dalle aste.

Galleria delle porcellane ▽

Strasse des 17. Juni · Colonna della Vittoria

Centro, Straße des 17. Juni, Großer Stern

In origine la pista tagliata attraverso il bosco, lunga quasi tre chilometri, era solo uno stretto sentiero per cavalli che attraversava il principesco **Tiergarten**. Solo poco a poco il sentiero venne ampliato, finché alla fine degli anni '30 l'asse, con le sue caratteristiche lanterne, divenne su progetto dell' «architetto del Führer», Albert Speer, una specie di strada trionfale per le nuove armate del Reich. Alla fine della guerra e del blocco, rimanevano a malapena settecento dei 200.000 alberi del Tiergarten di una volta. Grazie a donazioni provenienti da tutta la Germania fu possibile procedere al rimboschimento. Ma l'arteria, su cui scorre a tutte le ore del giorno e della notte un traffico intenso tra est e ovest, acquistò notorietà mondiale solo con la gioventù degli anni '90 di stile hippy. Ogni anno la famosa Loveparade che si tiene solitamente durante il mese di luglio, ha attirato oltre un milione di tecnoraver che ballavano e festeggiavano al ritmo della rimbombante musica. Durante il campionato mondiale di calcio tenutosi in Germania, la Straße des 17. Juni (Via del 17 giugno) è stata chiusa al traffico per sei settimane senza alcuna esitazione ed è stata ufficialmente dichiarata «Viale dei tifosi», evento che ha ottenuto un grande successo. Quando nel luglio 2008 Barack Obama visitò Berlino durante il suo viaggio in Europa, in questo periodo ancora candidato alle elezioni di presidente degli Stati Uniti, oltre 200.000 persone lo hanno accolto giubilando presso la Siegesäule (Colonna della Vittoria) sulla Grosser Stern (Grande Stella). Ma c'è da dire che non soltanto i grandi eventi attirano il pubblico nel quartiere Tiergarten. Non trascorre un solo fine settimana senza feste, mercati o attività che si tengono tra la Friedrichstraße e la Großer Stern (Grande Stella). Senza dubbio la «Goldelse» sulla **Colonna della Vittoria (Siegessäule)**, offre la migliore panoramica degli avvenimenti. Da settanta metri di altezza Victoria guarda sul quartiere anseatico e sui nuovi edifici governativi che giacciono ai suoi piedi. L'imponente signora porta come numero di scarpe il 92, è alta quasi nove metri e pesa 37 tonnellate. E' opera di Friedrich Drake, a cui ha fatto da modella sua figlia Margherita. Il monumento dai cannoni dorati commemora le vittorie prussiane degli anni 1864–1871. Vale la pena salire faticosamente fin sulla piattaforma circolare: vi si gode un fantastico panorama.

◁ *Colonna della Vittoria (Siegessäule)*

Le stazioni di Berlino

L'edificazione della stazione centrale di Berlino si è conclusa giusto in tempo per i mondiali 2006; si trattta di uno dei progetti più ambiziosi al mondo, un vero capolavoro dell' architettura e dell'ingegneria edilizia: la **Hauptbahnhof** è infatti destinata a diventare il maggior crocevia ferroviario d'Europa. La struttura è su due livelli: quello superiore per i treni che circolano in direzione Est ed Ovest, e quello sotterraneo per le carrozze dirette verso Nord e Sud. E' la prima stazione centrale di Berlino situata nelle vicinanze della cancelleria e del Reichstag, uno snodo ferroviario di grande importanza. Da qui, i treni partono in ogni direzione con una cadenza di 90 secondi. Questo edificio futuristico, la cui zona binari è una struttura in vetro della lunghezza di 320 metri, accoglie ogni giorno 300.000 persone tra viaggiatori ed altri visitatori. Attorno alla nuova costruzione, sorgono numerose altre stazioni per il traffico urbano ed extraurbano, con coincidenze per Gesundbrunnen, Südkreuz, **Spandau**, **Ostbahnhof**, **Wannsee** e **Lichtenberg**. La stessa stazione è inoltre raggiungibile anche grazie ai collegamenti regionali dalle stazioni della S-Bahn di Friedrichstraße, **Alexanderplatz**, Lichterfelde Est, Jungfernheide, **Potsdamer Platz** e **Zoologischer Garten** (zoo di Berlino).

▽ *Stazione Friedrichstraße*

Stazione Alexanderplatz ▽

▽ *Stazione U-Bahn Schlesisches Tor*

Stazione S- Bahn Hackescher Markt ▽

△ ▽ *Stazione centrale «Hauptbahnhof»*

Edificio del Reichstag

Centro, Platz der Republik

Paul Wallot, un architetto di Francoforte sino a quel momento quasi sconosciuto, vinse i bandi per il nuovo edificio del Reichstag. I progetti di Wallot furono poi sempre di nuovo mandati all'aria, soprattutto dall'imperatore Guglielmo II stesso. Solo nel 1894 l'edificio, situato nella piazza chiamata all'epoca Königsplatz, potè assolvere alla sua funzione: essere la sede della rappresentanza popolare di tutti i Tedeschi votata con scrutinio segreto. A tal riguardo la scritta sul portale «Dem Deutschen Volke» (Al popolo tedesco) suscitò poi per anni discussioni senza fine. Dopo l'incendio del Reichstag, a tutt'oggi ancora misterioso, del 28 febbraio 1933 e dopo i pesanti danni causati dall'Armata Rossa nell'aprile 1945, doveva passare ancora quasi mezzo secolo prima che i parlamentari di Bonn votassero, nel 1991, con maggioranza estremamente ristretta a favore del trasferimento del Bundestag a Berlino. Solo tale decisione ha restituito all'edificio la sua funzione originaria. Negli anni dell'isolamento di Berlino ovest, l'edificio era stato sì sanato ed era diventato la sede di una mostra permanente: «Quesiti sulla storia tedesca», ma il ruolo a cui era stato realmente destinato, cioè di sede del parlamento, non poteva venire svolto a causa del patto a quattro. Stranamente l'attenzione di tutto il mondo si rivolse nuovamente sul complesso solo nell'estate del 1995, quando sparì per una settimana coperto da bande di tessuto dai riflessi argentei. Quattro milioni di persone ammirarono l'eccezionale progetto artistico di velatura di Christo. La completa ristrutturazione (sono state rimosse 45.000 tonnellate di calcinacci) venne progettata con una notevole capacità d'immedesimazione dall'architetto britannico Sir Norman Foster (al prezzo di 300 milioni di euro). La cupola di vetro transitabile, dalla quale la luce per mezzo di tecnologie a specchi penetra fin nella sala plenaria, rappresenta già da tempo un'attrazione turistica. Per montare senza paura in capo alla politica e per ammirare con una vista dall'alto gli edifici della nuova Berlino, tutti i giorni migliaia di persone sono disposte a fare delle code di ore. Fare colazione nell'atmosfera mondana del bistro del giardino pensile è naturalmente cosa particolarmente chic.

Edificio del Reichstag ▽

△ *Cancelleria federale*

▽ *Edificio del Reichstag, colonna di luce nella cupola di cristallo*

▽△ *Edificio del Reichstag* △ *Cupola di cristallo* ▽ *Sala delle assemblee plenarie*

Edifici governativi · Ambasciate

Dopo la decisione del trasferimento del Bundestag, presa il 26 giugno 1991, con un dibattito fiume durato dodici ore (337 voti a favore di Berlino contro 330), nel centro città venne avviata un'attività edilizia assai febbrile, unica per anni in Europa. Ci sono voluti otto anni prima che i parlamentari di Bonn potessero avviare, il 19 aprile 1999 con la prima seduta plenaria del Bundestag, il loro incarico di reponsabilità nella «lontana» Berlino. E per suggellare il tutto con un atto statale dei più solenni, elessero poco dopo, il 23 maggio, anche il nuovo presidente della repubblica: una vecchia conoscenza della politica nazionale, che fra l'altro, nell'ora della verità «Bonn o Berlino?», in qualità di signore del paese renano-vestfalico, si era espresso veementemente a favore della soluzione provvisoria a vita di Bonn. Ma Johannes Rau, primo cittadino dello stato, ha riempito subito la propria sede amministrativa, il castello Bellevue, con vita di protocollo, alla stregua dei sui predecessori Herzog e von Weizsäcker. Quest'ultimo si era battuto come pioniere a favore di Berlino. Il **Schloss Bellevue**, costruito nel 1785 e gravemente danneggiato nella seconda guerra mondiale, è rimasto silenzioso, senza grandi cambiamenti. Solo l' **«Uovo del Presidente» (Ufficio presidenziale federale)**

▽ *Ministero degli interni lungo la Sprea*

▽ *Schloss Bellevue*

del complesso governativo tradisce tratti caratteristici governativi, derivati dalle necessità e dalle esigenze dovute alle nuove funzioni della «Repubblica berlinese». Tale edificio ovale è stata anche la prima costruzione della ristrutturazione della sede governativa. Nel frattempo la maggior parte dei progetti, che inizialmente ai più parevano ardite fantasticherie, sono completati e in uso. La sola amministrazione del Bund ha portato con sé 38 chilometri di atti e 120.000 mobili da ufficio. Nel novello paese quasi tutti hanno un nuovo tetto. La SPD si è trasferita nella nuova sede prima della CDU: in ambedue i luoghi prevale il vetro a simboleggiare la trasparenza. Parte di tale complesso sono la nuova sede del **Ministero degli interni** come pure della **Cancelleria federale**, dell' **Ufficio stampa federale**, l'ampliamento del **Ministero degli esteri**. L'edificio amministrativo a tutt'oggi ancora più grande di Berlino rimane l'ex ministero dell'aeronautica di Ernst Sagebiel (l'architetto che progettò anche l'aeroporto di Tempelhof) in Wilhelmstraße, che è diventato con le sue 2.000 stanze la **sede del Ministero delle finanze**. E' stato ricostruito alla stregua dei complessi ministeriali per giustizia, economia e traffico. Il **Bundesrat** si è trasferito nella sede della prima camera prussiana di una volta. Questo palazzo in Wilhelmstraße viene

Jungfernbrücke (l'ultimo ponte levatoio), dietro il Ministero degli esteri ▽

considerato da molti esperti come la soluzione più riuscita: una simbiosi tra epoca guglielmina e terzo millennio. Gli edifici delle ambasciate, che nel frattempo si sono trasferite quasi tutte da Bonn a Berlino, conferiscono al centro, con costruzioni quasi sempre nuove, una nota morbida. Visioni del domani sembrano pervenire soprattutto dalle sedi delle cinque **ambasciate nordiche**, dei vicini **Messicani**, degli **Austriaci** e dei **Britanni**, che come una volta sono situati nelle immediate vicinanze dell'Hotel Adlon. L'**Italia** ed il **Giappone**, l'**Ungheria**, la **Svizzera** nonché **Russia** e **Spagna** utilizzano invece le legazioni di una volta, sebbene completamente restaurate. La **Francia** risiede in un involucro nuovo, quasi futuristico, ma radicato nel luogo tradizionale, la Pariser Platz. Intorno all'ambasciata degli **USA,** sull'altro lato della piazza, non sono mancati i battibecchi, e ancora continuano. Fra i più notevoli solitari della nuova pianificazione urbana della capitale sono da annoverare il «New Palast» della **Bundespressekonferenz**, con la sua affascinante creazione di luce sul fronte delle finestre, lo **studio radiotelevisivo della capitale ARD**, gestito in comune da SFB e WDR («Rapporto da Berlino»), nonché il complesso **«Moabiter Schlange»** sulle sponde della Sprea. Qui i notabili parlamentari abitano signorilmente e a prezzo modico.

▽ Bundespressekonferenz

▽ Ambasciata russa

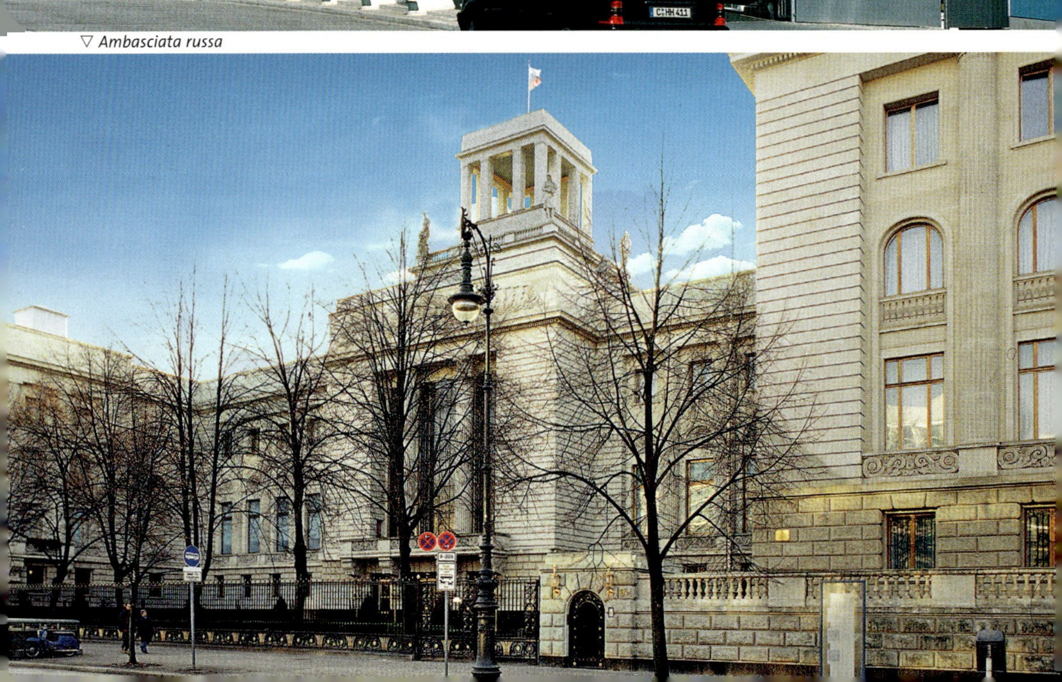

△ *Quadriga, Porta di Brandenburgo*

Hotel Adlon, Pariser Platz ▽

Porta die Brandenburgo

Mitte (Centro), Pariser Platz

Un simbolo nazionale, senza dubbio la costruzione profana più significativa dello Stato: orna infatti il retro di tutte le monete euro tedesche. La Porta di Brandenburgo quindi non è solo l'unica porta della città rimasta completamente intatta (ai tempi di Napoleone la città era racchiusa da 13 porte) ed è ben di più di una semplice porta per ornare la via delle meraviglie Unter den Linden. Carl G. Langhans costruì, sull'esempio dei propilei dell'Acropoli, un insieme classicistico, che venne terminato nel 1791. Sebbene la quadriga che corona il portale dalle colonne doriche è un errore stilistico inequivocabile, perché nata dall'arte architettonica romana, ciò nondimeno la dea Victoria, che conduce vittoriosamente il carro da combattimento con i quattro cavalli verso casa, è famosa in tutto il mondo. La donne ed i cavalli ovviamente non sono che imitazioni del dopoguerra, poiché della quadriga originale, progettata da Johann Schadow e realizzata dal ramaio Friedrich Jury, rimane solo ancora una testa di cavallo custodita nel museo. Il «resto» si spense nel maggio 1945 o finì come metallo non ferroso nei forni fusori.

▽ *Porta di Brandenburgo*

Unter den Linden

Mitte (Centro)

La **Pariser Platz**, la zona immobiliare più cara della Germania (un pezzo di terreno delle dimensioni di un sottobicchiere da birra verrebbe a costare più di 250 marchi!) segna l'inizio della vecchia regale Berlino prussiana. Un viale che venne impiantato per ordine del Grande principe elettore, ordine emanato il 16 aprile 1647, conduceva al castello di città (lo Stadtschloss, minato nel 1950). Con un filare di mille tigli ed uno di mille noci, il giardiniere Michael Hanff doveva abbellire l'asse che correva tra la Porta di Brandenburgo ed il castello. Il nome ufficiale: «Galleria». Ma gli alberi di noce appassirono, mentre i tigli crebbero. Così i berlinesi ben presto dettero alla nuova pista il nome di «Unter den Linden», cioè sotto i tigli. Nel 1824 venne istituita la prima cassetta per la posta. Nel 1871, con la fondazione del regno, cominciarono a sparire i palazzi borghesi in stile barocco: vennero sostituiti da moderni edifici commerciali destinati ad ospitare banche ed alberghi (fra cui dal 1907 l'**Adlon**, riaperto nel 1997). All'epoca erano famosi i ristoranti Dressler e Hiller. Oggi il viale alberato di tigli è soprattutto una zona gastronomica ed un'arteria di traffico. Un oasi di riposo è data dal cortile interno della **Biblioteca di Stato**.

Monumento Equestre di Federico il Grande

Mitte (Centro), Unter den Linden

Al posto suo solito veglia di nuovo su quanto avviene in via Unter den Linden il re prussiano Federico II: gli occhi vigili del Vecchio Fritz scrutano da sotto il cappello a tre punte da 14 metri di altezza; il monumento di Christian D. Rauch mostra il monarca a cavallo del suo animale preferito «Condé». I precursori della DDR volevano fondere il monumento, dato che era danneggiato. Poi però lo piazzarono un po' titubanti (e al posto sbagliato) davanti all'università. Dopo la svolta è stato restaurato e rimesso al posto giusto.

Università Humboldt

Mitte (Centro), Unter den Linden 6

Federico il Grande fece rimodernare il quartiere a occidente del castello con un'architettura armonica, creando il «Forum Fridericianum». Come integrazione del Zeughaus (l'arsenale militare) ne faceva parte anche il Palais, fatto edificare per suo fratello, il principe Enrico (1726–1802). Progettato dall'olandese J. Boumann il vecchio, s'inserì in maniera geniale nel piano generale progettato per il re da G. W. von Knobelsdorff. I lavori per il palazzo cominciarono nel 1748, terminarono però appena nel 1766. A quei tempi il Palais era il più

▽ *Monumento Equestre di Federico il Grande*

grande edificio della capitale, superato in questo solo dal vecchio Stadtschloss. In seguito, alla morte del padrone di casa, in un primo momento la tenuta rimase orfana. I primi decani dell'università appena fondata di Berlino, Fichte, Hufeland, Schleiermacher e Biener, poterono avviarvi l'insegnamento il 6 ottobre 1810. Vennero immatricolati sei studenti. In questo edificio, nell'estate del 1900, Max Planck formulò le basi della sua teoria quantistica che avrebbe cambiato i destini della fisica. Fra i docenti contavano Humboldt, Virchow, Koch, Hahn, Sauerbruch e Einstein, fra gli studenti Heine, Marx, Engels e Liebknecht.

Vecchia Biblioteca – Kommode

Mitte (Centro), Unter den Linden/Bebelplatz

Sulla scia dell'ideale architettonico di un Fischer von Erlach, che progettò il Wiener Hofburg, si presta come pendant dell'Opera di Stato in via Unter den Linden l'edificio della biblioteca regia, chiamata subito dai Berlinesi, senza troppo rispetto, «Kommode», il cassettone. Qui si tuffarono in grossi tomi i fratelli Grimm, Hegel, Schopenhauer, Ranke, Mommsen e Lenin. Davanti a tale edificio il 10 maggio 1933 avvenne il famigerato rogo dei libri; un modesto, impressionante monumento commemorativo ricorda il fatto.

▽ *Biblioteca di Stato*

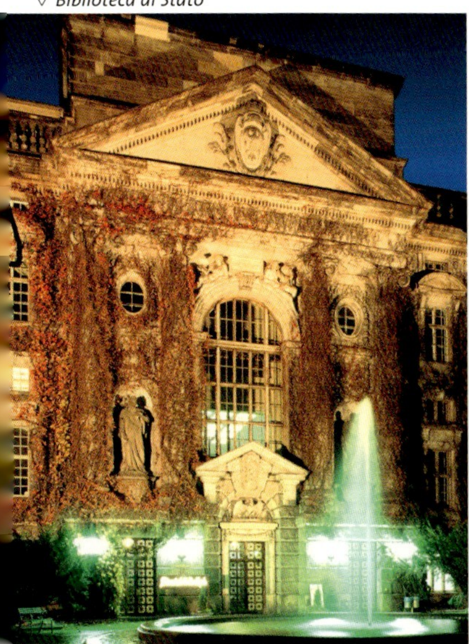

Università Humboldt ▽

Vecchia Biblioteca – Kommode ▽

Palazzo del Principe Ereditario

Mitte (Centro), Unter den Linden 3

Nonostante che negli ultimi giorni della guerra la furia distruttiva bellica non avesse risparmiato il palazzo del principe ereditario, esso offriva ciò nondimeno un punto fisso molto appariscente alla fine della via Unter den Linden. I pianificatori della DDR fecero ricostruire l'edificio impiantandovi una ala signorile per ospitare i loro ospiti di Stato, fra cui vi è stato anche Egon Bahr in occasione delle trattative del 1973 per l'accordo sul transito. Anche l'accordo di riunificazione del 1990 tra DDR e BRD venne firmato qui. Oggi il palazzo ospita una sede dislocata del Museo Storico Tedesco.

Palazzo delle Principesse

Mitte (Centro), Unter den Linden

Questo era il luogo in cui le figlie dei re prussiani venivano separate dai loro fratelli (a partire dal 13° anno di età) per essere educate ad essere timorate di Dio e castamente modeste. Un'arcata collega il palazzo del principe ereditario con il palazzo delle principesse. Anche qui gli eventi bellici non avevano lasciato che rovine. A partire dalla ricostruzione, avvenuta negli anni '60, i locali ospitano una pasticceria. Oggi il caffè-ristorante funge col suo giardino da importante borsa delle chiacchiere per chi è in giro a passeggiare.

▽ *Palazzo del Principe Ereditario (Kronprinzenpalais)*

▽ *Palazzo delle Principesse (Prinzessinnen-Palais/Opernpalais)*

Neue Wache

Mitte (Centro), Unter den Linden 4

L'ultimo detenuto che è stato al fresco e venno sorvegliato nella Neue Wache è stato il sindaco di Köpenick, che il calzolaio Wilhelm Voigt ha immortalato il 16 ottobre 1906 in veste di finto capitano. L'edificio di Schinkel (1816–1818) al suo interno è stato ristrutturato più volte. La scultura della madre in lutto di Kollwitz, voluta nonostante molte opposizioni da Helmut Kohl durante i suoi anni di governo, ricorda in maniera commovente le conseguenze di guerre e persecuzioni.

Cattedrale di Sant'Edvige

Mitte (Centro), Bebelplatz

Federico il Grande incaricò Knobelsdorff di progettare una chiesa cattolica episcopale. J. Boumann l'anziano terminò l'edificio sacro, sorto tra il 1747 ed il 1773, e che venne poi distrutto completamente dalle fiamme nel 1943. Il re, che con tutte le sue forze cercava sempre l'accordo (in cuor suo era ateo convinto...), voleva creare dopo la conquista della cattolica Slesia per i suoi nuovi sudditi una casa di Dio loro confacente nella protestante Berlino. Oggi il Duomo di Sant'Edvige è sede cardinalizia.

▽ *Neue Wache*

Cattedrale di Sant'Edvige ▽

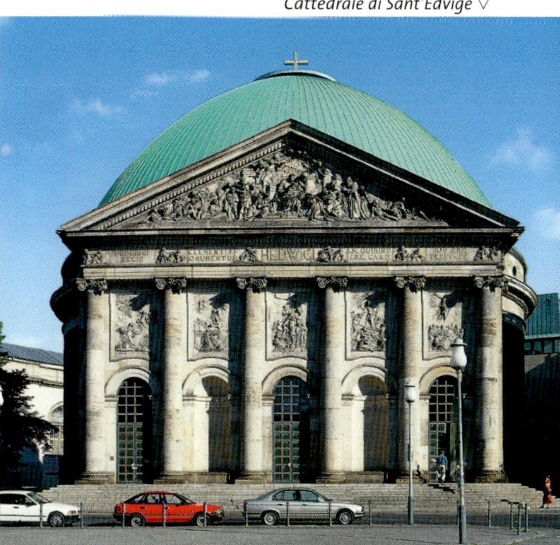

Gendarmenmarkt, Schauspielhaus (oggi Konzerthaus) e Duomo Francese ▽

Gendarmenmarkt

Mitte (Centro)

La più bella piazza d'Europa: così viene definita di nuovo da qualche tempo a questa parte la Gendarmenmarkt. Dopo che erano state terminate le costruzioni che le fanno da cornice, l'insieme di Schinkel, il **Schauspielhaus (il teatro chiamato oggi Konzerthaus)** con la sua stupenda scalinata ed i due Duomi a fianco (a sinistra quello Francese e a destra quello Tedesco) ha l'aria di un invitante salotto, gaio e un po' manierato. I numerosi bistrot tutt'intorno sono punti di affluenza per «quelli che vogliono farsi vedere».

Duomo Tedesco e Duomo Francese

Mitte (Centro), Gendarmenmarkt

Un disguido linguistico, poiché le due piccole chiese dietro alle due torri di eguale fattura non sono sedi vescovili; è il termine francese «dôme», per la cupola, che potrebbe far credere ciò. In realtà nelle due torri sono allestite due mostre che vale la pena vedere: **«Questioni sulla storia tedesca»** («Fragen an die deutsche Geschichte», nel Duomo Tedesco) ed il **Museo degli Ugonotti** («Hugenotten-Museum» nel Duomo Francese). Il candido **monumento a Schiller** sonnecchiava in un deposito prima di trovare qui la sua collocazione scenica.

▽ *Duomo Tedesco e Duomo Francese*

Friedrichstrasse

Mitte (Centro)

E' una via che era stata voluta dal primo re di Prussia, Federico I, come traversa della via Unter den Linden. Sua maestà fece sì che l'asse verticale, allineata esattamente in direzione Nord-Sud, venisse anche battezzata col suo nome. Dopo la costruzione della ferrovia, è diventata una delle zone più frequentate di Berlino. La stazione **Bahnhof Friedrichstraße** (inaugurata nel 1882, con una sala d'aspetto apposita per l'imperatore) divenne il punto focale di lunghe notti immorali. Il Wintergarten, dove si potè ammirare la prima mondiale assoluta di una proiezione cinematografica, a periodi è stato il maggiore palazzo di intrattenimento tedesco. Oggi la grande arteria, dopo il lungo sonno coatto della bella addormentata nel bosco, è stata rimessa in forma e scorre piena di vita e di eleganza tra i nuovi grandi distretti del centro e Kreuzberg-Friedrichshain. Soprattutto i tre blocchi di costruzioni nuove, collegate tra loro nel sottosuolo e situate ad ovest della Gendarmenmarkt, con le boutique dei designer, il **Quartier 206** e la **Galéries Lafayette**, rappresentano un centro di shopping dei più raffinati, che mira decisamente a fare concorrenza al Kurfürstendamm.

Writer's Block, Friedrichstraße/angolo Schützenstraße △

▽ *Galéries Lafayette*

△ Stazione U-Bahn Französische Straße e Grand Hotel ▽ Quartier 206 (interno) △ Quartier 206 ▽ Stazione U-Bahn Stadtmitte

Checkpoint Charlie

Friedrichshain-Kreuzberg, Friedrichstraße 43–44

Pochi elementi ricordano oggi ancora un punto cruciale della guerra fredda: una baracca (ricostruita) delle potenze occidentali ed una maxifoto in mezzo alla carreggiata. Eppure proprio qui, nel punto di controllo degli stranieri diretti verso Berlino est, i conflitti si acuivano più che altrove. Sono passate alla leggenda le 72 ore esplosive di quando, nel novembre 1961, i panzer statunitensi fronteggiavano minacciosamente a motore acceso, piazzati lungo la linea bianca di demarcazione, i carri armati dell'Armata Rossa, pronti a sparare.

Casa del Checkpoint Charlie

Friedrichshain-Kreuzberg, Friedrichstraße 44

Non vi era ingegnosità inimmaginabile, non vi erano limiti alla fantasia: quando si trattava di sfuggire al giogo comunista e cercare il largo in Occidente, i cittadini della DDR diventavano molto ingegnosi, nonostante il pericolo di morte che incombeva. Attrezzature delle più singolari sono i testimoni meccanici di fughe per lo più riuscite. Ma il museo, unico nel suo genere al mondo, riferisce anche con grande efficacia e precisione dei conflitti che si nascondevano direttamente dietro al punto di controllo.

Checkpoint Charlie ▽

Muro di Berlino

East-Side-Gallery, *Mühlenstraße*

E' stato costruito nella notte tra il 12 e il 13 agosto 1961. Nessun servizio segreto era venuto a conoscenza dei perfetti preparativi dello stato maggiore. In un primo momento solo uno sbarramento fatto di filo spinato e piastre di calcestruzzo, poi un muro alto e massiccio in mattoni di tufo e cemento armato. Questo fu l'inizio della costruzione di quel muro che avrebbe poi lacerato la città in due pezzi per 28 anni e dove, sempre di nuovo, venivano sparati colpi che seminavano la morte. La DDR aveva chiamato la terrificante costruzione col laconico nome di «Muro protettivo antifascista» e perfezionò la perfidia con zone ad accesso vietato e superfici sdrucciolevoli. Mentre sul lato occidentale si moltiplicavano le piattaforme panoramiche, i bus turistici facevano tappa, fiorivano cartoline postali e chioschi e degli artisti cercavano di mascherare il cemento con graffiti, sul lato orientale regnava un sistema di controllo preventivo che rendeva la scalata del muro un'impresa a rischio mortale. Solo in pochissimi punti oggi sono rimasti in piedi dei frammenti del muro, lungo originariamente 40 chilometri: per esempio alla **East-Side-Gallery**.

▽ *East-Side-Gallery*

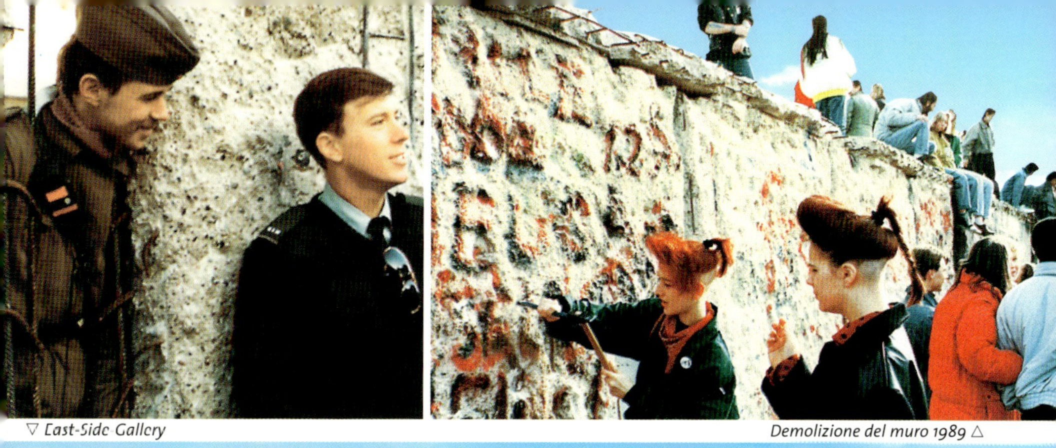

▽ *East-Side Gallery*

Demolizione del muro 1989 △

Monumento commemorativo al muro, Bernauer Straße △▽

Potsdamer Platz

Mitte (Centro)

Da qui partì dalla zona di Berlino, oltre 150 anni fa, la prima ferrovia in direzione di Potsdam e da qui il nome della stazione Potsdamer Bahnhof (che dovette venire ampliato più volte) ed in seguito anche della piazza stessa. Negli anni '20 la Potsdamer Platz e la vicina Leipziger Platz si fusero insieme in uno di nodi di traffico maggiori d'Europa. Vi si trovava la casa della patria («Haus Vaterland»), qui vi era il richiamo dei templi del ballo, dei palazzi della birra e delle osterie. E la ressa era tale che le 31 linee di tram e bus che vi si incrociavano a stella dovevano venire regolamentate con precisione ed essere ben controllate tramite un sistema di semafori, che sino ad ora esisteva solo in America! Una copia fedele di questo primo semaforo si trova sempre ancora al suo posto originale. Dato che gli uffici del cancelliere del Reich con i bunker sotterranei del Führer distavano poco lontano da questa zona, sul finire della guerra essa venne rasa al suolo dai bombardamenti. Per quasi cinque decenni è rimasta una triste terra di nessuno. Arduo sarebbe stato quindi profetizzare ciò che si sarebbe avverato dieci anni dopo la riunificazione: proprio qui infatti è sorto temporaneamente il cantiere

▽ *Potsdamer Platz con Sony Center*

più pulsante del mondo, dove venivano usati per costruire e venivano sotterrati ogni giorno 2,5 milioni di euro. Il complesso ha inghiottito sino ad ora oltre cinque miliardi di euro (senza considerare le spese ferroviarie). Dopo l'ultimazione del **Complesso debis**, di cui fanno parte l'**Hotel Hyatt**, si è innalzato contro il cielo accanto al nuovo **Casinò** berlinese il **Sony Center**. Nel futuristico palazzo di vetro ha la sua sede la Deutsche Bahn AG. In occasione dei «Berlinale» è anche la sede dove vengono assegnati gli «orsi d'oro e d'argento». L'elegante passaggio di negozi su tre piani già da tempo è uno dei centri di shopping più redditizi d'Europa. La prognosi fatta per la stazione regionale di Potsdamer Platz di una frequenza giornaliera di un milione di uomini non è un'utopia visionaria da sognatori. Da queste parti «orari di chiusura dei negozi» è un concetto sconosciuto: la vita pulsa fin nella notte. Mantenuta a mo' di cimelio la taverna **Weinhaus Huth**. Vale la pena anche visitare i resti del vecchio Hotel Esplanade: la sala imperiale e il bar per cocktail con le decorazioni in gesso e gli stucchi.

△ *Beisheim-Center, Potsdamer Platz*

▽ *Marlene-Dietrich-Platz, Areale Daimler*

△ *Sony Center (interno)*

Portici della Potsdamer Platz ▽

Schlossbrücke

Mitte (Centro), Karl-Liebknecht-Straße

Un enorme fosso separava il monarca dai sudditi. Il ponte sull'acqua si chiamava ponte dei cani, nome indicativo della scarsa importanza architettonica della costruzione. Fu Schinkel a provvedere alla signorilità progettando nel 1822 il ponte Schlossbrücke. Le otto dee in bianco marmo di Carrara, che portano sull'Olimpo i giovani guerrieri morti, ricordano le guerre d'indipendenza contro Napoleone. Per lungo tempo le statue erano rimaste in Occidente, ma per la celebrazione dei 750 anni sono state generosamente restituite.

Duomo di Berlino △ Il portale L'altare ▷

▽ Schlossbrücke con il Duomo di Berlino

Duomo di Berlino

Mitte (Centro), Am Lustgarten

Ad est del Lustgarten, che era stato in primo luogo l'orto ed il giardino aromatico del castello del principe elettore, si trovava una chiesa classicistica di C. F. Schinkel, che si inseriva armonicamente nel paesaggio cittadino. Ma l'imperatore Guglielmo II era fissato con l'idea di fare di Berlino una città d'arte che superasse Parigi e Roma. Di fatto nella sua visione l'edificio sacro non aveva alcuna importanza e ragion d'essere. Nacque così, dopo la demolizione, quale «risposta della Prussia protestante alla cattolica Roma» il Duomo di Berlino. Una soluzione architettonica che ha suscitato molte controversie, realizzata con diversi elementi barocchi e rinascimentali: costruita da J. C. Raschdorff a partire dal 1894, è stata terminata nel 1905. Come chiesa di corte e chiesa mortuaria poteva ospitare oltre 2.000 fedeli ed era teatro della famosa messa dell'anno nuovo, a cui partecipava tradizionalmente l'imperatore con la famiglia. Nonostante i danni bellici la rovina venne salvata. Oggi è praticabile, il restauro storicamente fedele dell'interno è quasi finito. Ottima l'acustica per concerti e oratori.

◁ *L'organo*

Duomo di Berlino ▽

Isola dei Musei
Altes Museum · Neues Museum
Alte Nationalgalerie
Bode-Museum · Pergamonmuseum
Tra la Sprea ed il Kupfergraben

In veste di erede culturale mondiale dell'UNESCO, l'isola dei musei berlinese dietro il Lustgarten nasconde una tale ricchezza di tesori, unici al mondo e provenienti da tutto il mondo, che per vedere tutto con una certa attenzione sarebbe necessaria una visita di più giorni. Grazie a delle sovvenzioni di milioni di marchi, garantite per anni da fonti statali, la padrona di casa, la **Stiftung Preußischer Kulturbesitz**, è in grado di ricostruire gli edifici e restaurare i tesori duramente colpiti dalla guerra, in parte razziati dalle potenze vincitrici o trascurati per lunghi anni nel dopoguerra. La divisione della città nel 1948 prima, la costruzione del muro nel 1961 dopo, hanno complicato ancora ulteriormente le cose e portato a richieste non sempre realizzabili fra le parti. Dopo la riunificazione gli sforzi sono stati volti a trovare delle soluzioni per non giocarsi stupidamente le chance uniche di un nuovo inizio. L'isola dei musei è un complesso che abbraccia sia le radici del mondo antico sia pezzi di esposizione del diciannovesimo secolo. Il

▽ *Pergamonmuseum/Altare di Pergamo*

▽ *Bode-Museum*

tutto ha avuto inizio con Federico Guglielmo III e suo figlio, esperto d'arte, Federico Guglielmo IV. Ambedue non si concepivano solo come signori assoluti dello Stato, chiamati a ciò dalla Grazia di Dio, bensì anche come servitori dello Stato. Al termine delle guerre d'indipendenza e dopo la deposizione di Napoleone si voleva fare della capitale un luogo all'insegna della bellezza e assoggettare la classe borghese in formazione ed espansione allo spirito classico ellenistico e romano. Nel 1824 venne avviata nella palude appianata tra la Sprea ed il Kupfergraben la costruzione del nucleo, l'**Altes Museum (Antico Museo)**. Davanti all'edificio di Schinkel dalle 18 colonne ioniche è situato, dal 1829, il piatto di granito di C. C. Cantian. Al più antico complesso museale di Berlino, il terzo in ordine di tempo in Germania, venne affiancato nei «distretti dedicati all'arte e allo studio dell'antichità» il **Neues Museum (Nuovo Museo)** (ultimato nel 1855) e la **Alte Nationalgalerie (Antica Galleria Nazionale)** (del 1875). Sotto l'egida di Guglielmo II seguirono poi il Museo dell'Imperatore Federico, chiamato oggi **Bode-Museum**, ed il **Pergamonmuseum** (costruito da A. Messel, con voluti riferimenti alla Porta di Brandenburgo di ispirazione dorica), iniziato nel 1909, ma terminato solo nel

Pergamonmuseum ▽

1930. Wilhelm Bode, che era nato nel 1845 ed era stato non solo il pioniere dei musei del regno imperiale, ma anche direttore generale di tutti i musei prussiani (a partire dal 1872), non vide più il completamento del Pergamon. L'altare di pietra portato a Berlino nel 1902 dall'Asia Minore è una delle più eccezionali opere d'arte che si trovano in Europa e viene considerato una meraviglia mondiale dell'antichità. Realizzato nel 170 a. Cr., è un magnifico altare dedicato a Giove e ad Atena. Al termine di tutti i lavori edili verranno accolte in questa sede opere d'arte dell'epoca precristiana e dei primi due millenni dell'era cristiana (formulazione sommaria), mentre le opere d'arte moderne verranno presentate principalmente nel quartiere Dahlem e nel Kulturforum. Questo nuovo riassetto della collezione, che vanta opere come il busto della regina Nofretete, la collezione di papiri nonché i pezzi d'esposizione del museo egizio, significa un trasferimento definitivo di questo tesoro artistico tra i più famosi di Berlino nel Neues Museum sulla Isola museo.

▽ *Altes Museum (Antico Museo)*

▽ *Alte Nationalgalerie*

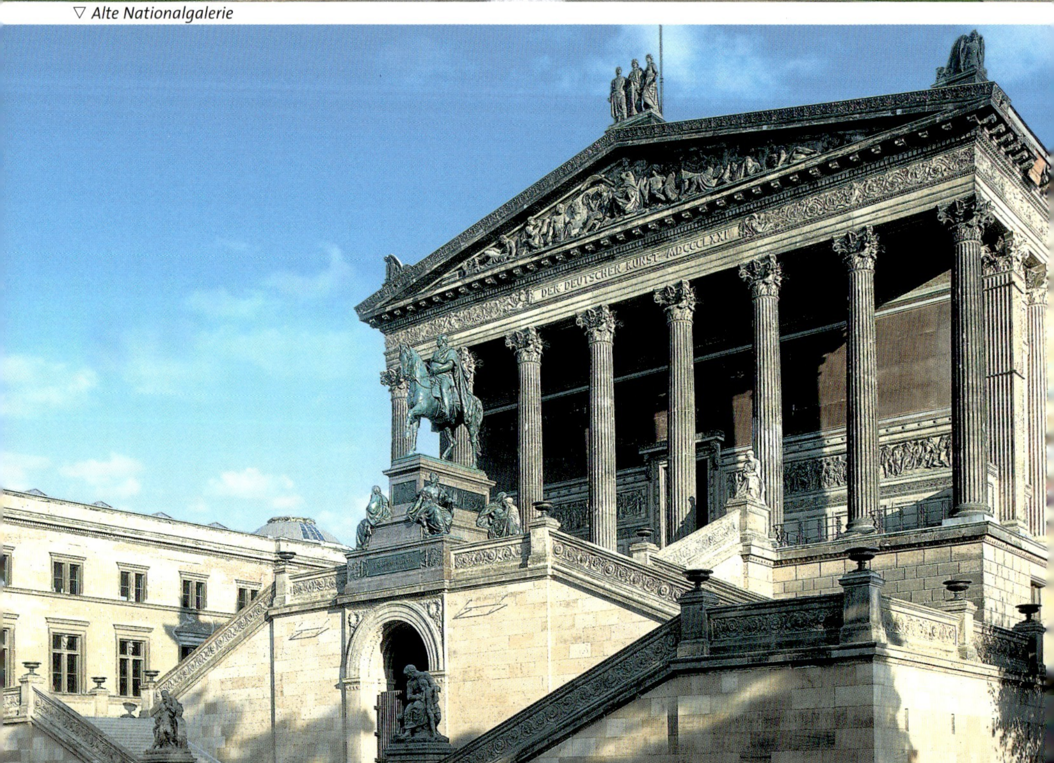

Musei

In tutti i dodici distretti della capitale si trova disseminata una tale gamma di musei e collezioni di tutti i tipi, che rimane difficile orientarvisi. Ma dato che si spazia dall'insieme di pezzi pregiatissimi dal valore inestimabile fino all'oggetto di curiosità più astruso, vale la pena andare a caccia di tracce e di tesori. Il **Museo Ebraico** ha sede nello spettacolare edificio progettato da D. Libeskind e costrutito sulla Lindenstrasse. Si tratta di un Centro Culturale, in cui grazie ad oggetti artistici e ad oggetti della vita quotidiana vengono tenuti in vita «due millenni di storia Tedesco-Ebraica». Oltre a questa mostra permanente il Museo ospita una molteplice offerta di letture, seminari e concerti nonché mostre straordinarie e a rotazione relative alla cultura Ebraica e alla sua ricca tradizione. Nell'ala Ovest dello Stülerbau l'amante dei moderni troverà una delle più vaste collezioni con le affascinanti opere di Picasso. Il mecenate dell'arte Heinz Berggruen è lo spiritus rector della **Sammlung Berggruen**, una collezione che aveva avviato nei suo anni parigini a partire dal 1935 e che ha lasciato al Senato ad un prezzo di favore di 100 milioni di euro, pagabili in dieci rate. Dietro si trova il **Bröhan-Museum**, specializzato in arti applicate e curiosità quotidiane del tardo secolo diciannovesimo e del ventesimo secolo, curando tutto ciò che è stile liberty, art déco e secessione. La collezione di moderni di Erich Marx nel **Museum für Gegenwart Berlin**

Museo Ebraico ▽

Museum für Gegenwart (Museo del Presente), ex stazione Hamburger Bahnhof ▽

(Museo del Presente Berlino) – la stazione Hamburger Bahnhof di una volta- è nata anch'essa dalla passione di un collezionista privato. Dopo la guerra nell'edificio di Dahlem, concepito inizialmente come Museo Asiatico, è stata trasferita la **Gemäldegalerie** (Pinacoteca). Dahlem in futuro sarà soprattutto punto di attrazione per l'arte popolare europea e di lontani continenti oltre ad ospitare il **Geheimes Staatsarchiv** (Archivio segreto di Stato). A Dahlem si trova il **Brücke-Museum** con quadri di Heckel, Nolde, Pechstein ed altri. La **Neue Nationalgalerie** (Nuova Galleria Nazionale) di Mies van der Rohe nella Potsdamer Straße presenta pezzi presi in prestito di rassegne speciali recensite in tutto il mondo. Il **Kulturforum** (Foro della Cultura) con il **Kustgewerbemuseum** (Museo di Arti Applicate) con la **Gemäldegalerie** (Pinacoteca), il **Kupferstichkabinett** (Galleria di Calcografie) e la **Kunstbibliothek** (Biblioteca dell'Arte) caratterizzano insieme al **Musikinstrumentenmuseum** (Museo degli Strumenti Musicali), piazzato vicino alla Filarmonia, i dintorni della Potsdamer Platz, dove nel complesso Sony si trova anche una nuova attrazione con il **Filmmuseum** (Museo del Cinema), che offre il lascito completo di Marlene Dietrich. Per i giovani affascinati dalla tecnica vi sono le collezioni del **Deutsches Technikmuseum** (Museo Tedesco della Tecnica), del **Luftwaffenmuseum** (Museo dell'Aeronautica Militare) e del **Museum für Post und Kommunikation** (Mu-

▽ *Nefertiti, intorno al 1350 a. C.*

seo delle Poste e delle Telecomunicazioni). Pezzi da esposizione attinenti alla politica si trovano nel **Deutsches Historisches Museum** (Museo Storico Tedesco, nel **Zeughaus**, l'arsenale militare - la costruzione barocca più importante di Berlino), nel **«Alliierten-Museum»** (Museo degli Alleati) nonché nel **Museum Berlin-Karlshorst**. Il «Museo degli Alleati» di Dahlem mostra nell'«Outpost», un cinema a cui potevano accedere solo militari US, pezzi di documentari dei mesi del blocco e del ponte aereo (1948/1949). Nell'area all'aperto è parcheggiato un carro per ufficiali dell'esercito francese, un aereo da trasporto della RAF ed un bombardiere del tipo usato per il ponte aereo, chiamato dai Berlinesi «Rosinenbomber». Nell'edificio del Museo Berlin-Karlshorst tre ufficiali della Wehrmacht firmarono l'8 maggio 1945 davanti alle quattro potenze vincitrici la resa senza condizioni. Questo atto segnò al tempo stesso la fine della seconda guerra mondiale su territorio europeo. Miniere inesauribili per gli esperti: **Bauhausarchiv**, **Museum der Dinge** (Museo delle Cose), **Gedenkstätte Deutscher Widerstand** (Sito Commemorativo della Resistenza Tedesca), **Topographie des Terrors** (Topografia del Terrore) e **Feuerwehrmuseum** (Museo dei Vigili del Fuoco). Sullo stravagante invece: il **Zuckermuseum** (Museo dello Zucchero), il **Biermuseum** (Museo della Birra), il **Medizinhistorisches Museum** (Museo di Storia della Medicina). E ovviamente: l'**Erotikmuseum** (Museo dell'Erotismo).

Sammlung Berggruen ▽

Museo Storico Tedesco, antico Zeughaus ▽

Teatri e Palcoscenici

Tutti gli anni un mezzo milione di persone frequentano gli spettacoli di varietà del **Friedrichstadtpalast**; e circa 300.000 visitatori vengono registrati nello stesso arco di tempo alla **Deutsche Oper Berlin**. Si può spaziare dalle ballerine non troppo vestite alla musica d'epoca che risuona dalla fossa orchestrale: alla passione per i palcoscenici dei Berlinesi e dei loro ospiti non sono posti limiti di alcun genere. Facendo dei conti approssimativi abbiamo diecimila rappresentazioni in dodici mesi, con una vendita di circa tre milioni di biglietti. Va detto però che la discussione in merito all'entità delle sovvenzioni (che già da tempo sono dell'ordine di grandezza dei miliardi di marchi!) ciclicamente, con ritmo stagionale, si ripresenta sul taccuino dei politici e sulla stampa quotidiana. Ma non si può negare che a conti fatti resta comunque per la Città e lo Stato qualcosa di decisivo: un'offerta culturale di una qualità e di una varietà che non si trova altrove in Germania, una diffusione di forme d'arte che può rivaleggiare in campo aperto con Londra e Nuova York. La cultura è un fattore importante per la vita economica della città stato. Quasi cinquanta teatri con un repertorio ben programmato (di cui circa quindici «statali»), quattro teatri lirici

▽ *Theater des Westens*

«classici» (oltre alla Neuköllner Oper come campo di sperimentazione per le nuove leve dal grande talento), nove orchestre (suonano prevalentemente alla **Filharmonia**, alla **Kammermusiksaal** – Sala per musica da camera – e al teatro **Konzerthaus** al Gendarmenmarkt), quattro cori professionisti: questa è la dimensione in cui si muove la vita dei palcoscenici. E volendo anche considerare gli studi della piccola arte che oggi nascono e domani muoiono, le sedi delle scene off, i templi sperimentali e gli indirizzi per comedy e cabaret, è impossibile vedere e valutare ogni cosa. La voglia di arte teatrale, la tendenza a dissimulare, travestire, nascondere, ridicolizzare è di lunga tradizione. La prima rappresentazione ebbe luogo nel 1541 con un pezzo epico devoto. Hans Schuch, un buffone di Vienna, fondò l'intrattenimento dai toni forti per le masse. I liberali e le persone di cultura gustavano il fascino delle compagnie francesi, dove l'una o l'altra cocotte provvedeva anche ad arrotondare la propria cassa domestica. Ma i sudditi devono a Federico il Grande la «Grande Arte»: negli anni 1741–1743 fece costruire la **Staatsoper Unter den Linden**. Il suo motto guida FRIDERICVS REX APOLLINI ET MVSIS (Re Federico per Apollo e le Muse), apposto sopra le sei colonne della facciata,

▽ *Kammermusiksaal*

Filharmonia ▽

Maxim-Gorki-Theater ▽

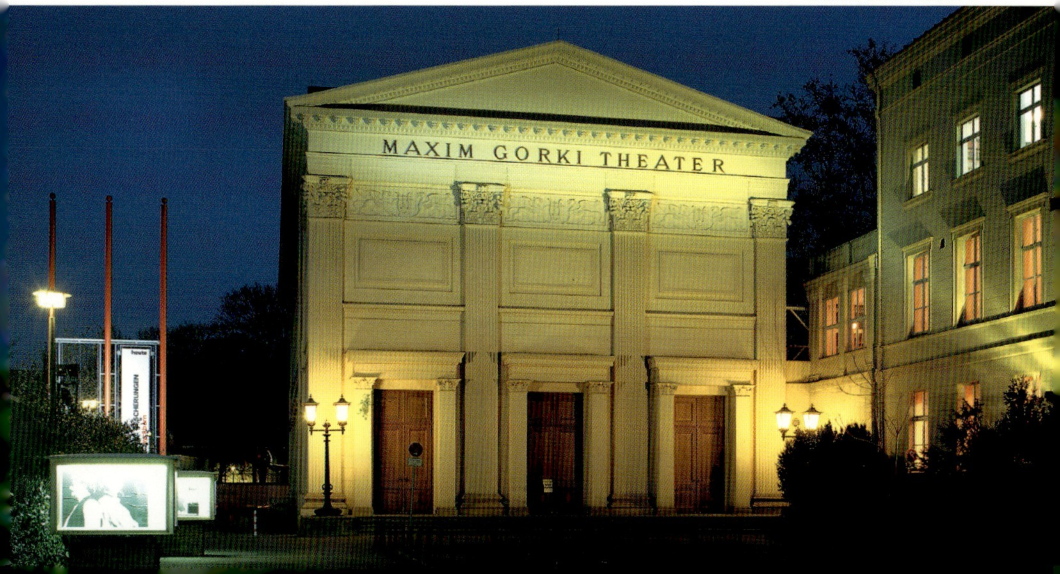

△ *Schauspielhaus (oggi Konzerthaus) e Duomo Francese*

Concerto nell'antico teatro (oggi Konzerthaus) ▽

è rimasto vincolante. La **Komische Oper** nella Behrenstraße (nello stesso luogo, ma in un edificio precedente, venne rappresentata per la prima volta, nel 1767, la prima commedia tedesca di Lessing «Minna von Barnhelm» e nel 1774 venne tenuta la prima di «Goetz von Berlichingen» di Goethe) e la **Deutsche Oper** nella Bismarckstraße rappresentano per l'antica casa prussiana al tempo stesso continuamente uno stimolo ed un avversario, un modello ed un compagno di lotta. Ogni musicista, ogni solista, tutti lottano fianco a fianco per offrire le massime prestazioni al servizio delle muse. Ciò vale superlativamente per i musicisti dell' **Orchestra Filharmonica di Berlino**, che a partire dal 1887 sono diventati, sotto la guida di nomi veramente grandi quali Bülow, Nikisch, Furtwängler, von Karajan, Abbado e Rattle (passaggio della bacchetta nell'autunno 2002), un fenomeno unico nel mondo della musica classica. Il mondo del teatro sembra essersi di nuovo splendidamente avviato verso il lustro dell'epoca d'oro degli anni '20. Il **Berliner Ensemble**, il **Deutsches Theater** con i suoi **Kammerspiele** annessi, il **Schaubühne am Lehniner Platz**, il **Volksbühne** nella Rosa-Luxemburg-Platz, il **Maxim-Gorki-Theater**, il **Schlosspark-Theater** e il **Renaissance-Theater**, il **Tribüne** ed il **Vaganten** con

Staatsoper Unter den Linden ▽

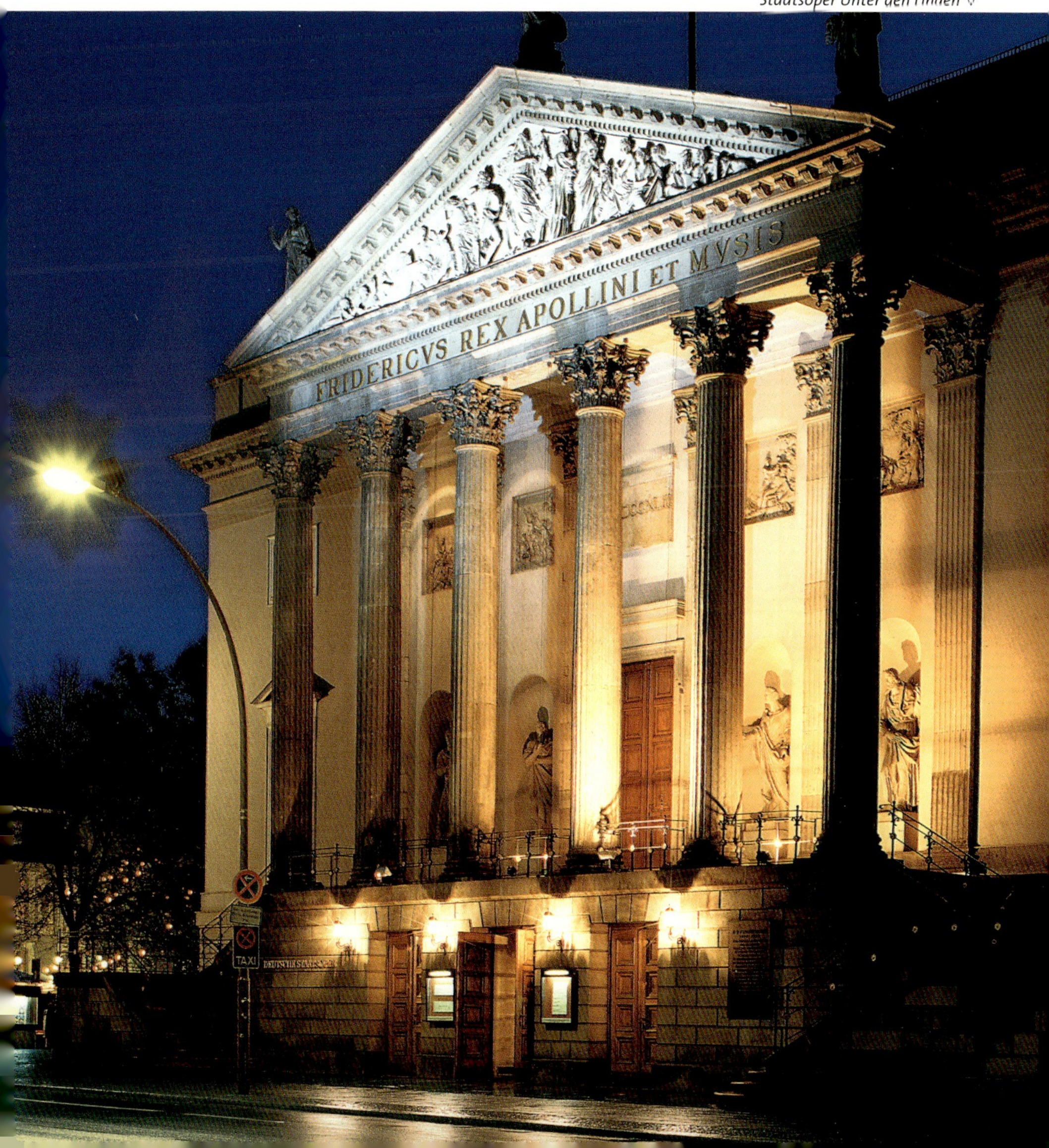

le rappresentazioni riportate in calendario sono al servizio sia della dimensione classica, resa accessibile in maniera intelligente, sia dell'avanguardia moderna. Il **Komödie** ed il **Theater am Kurfürstendamm** vengono considerati già da decenni come la mecca del boulevard e mentre da una parte portano alle luci della ribalta il repertorio ad effetto di farse spiritose e malinconiche, dall'altra non disdegnano uno charme dalle note spinte. Il **Hebbel-Theater** è dedito invece alla danza contemporanea. Farse da retrobottega sono la specialità del **Hansa-Theater**. Il cabaret è di casa nel **Stachelschweine**, nel **Distel** e per artisti ospiti vi è la nuova sede del **Wühlmäuse**. Il **Gripstheater** distoglie i giovani e coloro che saggiamente sono rimasti giovani dalla televisione non stop a programma unico con temi critici d'attualità. Il **Musical Theater** nella Potsdamer Platz ed il **Theater des Westens** si presentano invece rumorosi e di genere pop. Assolutamente consigliabile un salto alla **Neuköllner Oper**, dislocata fuori dal centro, dove i talenti di domani presentano una serie di eccezionali performance – dalla voce indimenticabile – con lo slancio tempestoso della verve giovanile. Primo indirizzo per i palcoscenici d'avanguardia viene considerato il **Theater zum westlichen Stadthirschen**.

▽ *Friedrichstadtpalast*

▽ *Musical Theater nella «Daimler City» in Potsdamer Platz*

Nuova Sinagoga

Mitte (Centro), Oranienburger Straße 30

La Nuova Sinagoga nella Oranienburger Straße poteva accogliere 3.200 persone. Come centro della vita di comunità di tutta Berlino (160.000 concittadini ebrei) era la sinagoga principale. I lavori iniziarono nel 1859; furono terminati da Friedrich A. Stüler. Nella «Notte dei cristalli» del 9 novembre 1938 l'edificio andò in fiamme. Nel 1943 la struttura venne devastata dalle bombe. Dal 1995 la dorata cupola moresca (accessibile al pubblico) getta i suoi raggi lontano sul Scheunenviertel. Nel foyer vi è una documentazione sulla vita ebrea.

Scheunenviertel

Mitte (Centro)

La regolamentazione antincendio del 1672 proibiva il magazzinaggio di sostanze infiammabili tipo materiale edilizio, fieno e paglia all'interno delle mura cittadine. Col tempo sorsero dietro la porta Oranienburg 27 fienili. A partire dal 1720 la zona prese il nome di cittadella di Spandau e venne densamente abitata. Il villaggio di pescatori era crogiolo della povertà: le strade vennero segnate soprattutto dagli ebrei che giungevano dall'est, a seguito dei progrom in Russia ed in Polonia; alla ricerca disperata di quartieri economici, sorse un ghetto.

Nuova Sinagoga ▽

Hackesche Höfe · Hackescher Markt

Rosenthaler Straße 40/41

La posizione di questo quartiere urbano, sulle linee di demarcazione tra Alexanderplatz, Oranienburger Tor, Spandauer Vorstadt ed i dintorni del Scheunenviertel, fortemente caratterizzati dalla presenza ebrea, fecero della Rosenthaler Straße e delle sue viuzze laterali una piazza commerciale assai vivace già 125 anni fa. Seguendo un'idea del dimenticato urbanista viennese e ricercatore sociale Dr. Martin A. Hetzenauer, venne realizzato nella zona intorno alla stazione Stadtbahnhof Börse (oggi Hackescher Markt) ciò che Hetzenauer aveva progettato. La dimensione lavorativa, abitativa e del tempo libero vennero fuse in una simbiosi distribuendole su più cortili interni grandi e luminosi: le taverne, i locali sul lato strada, appartamenti a prezzi accessibili e spazi per piccole imprese e manifatture. I Hackesche Höfe era il complesso più esteso e più alto, con case fino a sette piani. Preservati dagli attacchi aerei, è rimasto molto della vecchia struttura. Il restauro dopo la svolta e l'idea di farne un foro di cultura, design e di azione con cinema e cabaret si è rivelato un buon affare.

▽ *Hackesche Höfe – Hackescher Markt*

▽ *Hackesche Höfe*

Il Quartiere Nikolai

Ephraim-Palais · Chiesa Nikolai

Mitte (Centro)

Il fascino sta nella combinazione: tutt'intorno alla **chiesa Nikolai**, antica di quasi mille anni, i dintorni sembrano come nati per magia dalla storta di una betoniera; vi troviamo l'**Ephraim-Palais** (Lessing vi abitò dal 1752 al 1755), locali quali la «Gerichtslaube», «Zur Rippe», «Paddenwirt», la casa borghese in primo stile neoclassico della famiglia benestante dei Knoblauch e la locanda «Il noce», oggi ricostruita, dove ai suoi tempi sull'isola dei pescatori padre Zille disegnava e incideva. Costruite nel 1987 puntualmente per la celebrazione dei 750 anni dal magistrato di Berlino est per esibizione: 800 abitazioni, una volta molto ambite (anche il capo dei servizi segreti della DDR, Markus Wolf, vi abita), esse hanno creato effettivamente urbanità. Per i negozi tutt'intorno dopo la svolta sono stati anni magri. Ma poiché tutto si trova in una posizione estremamente centrale e chiuso al traffico delle auto, la gente ben volentieri la domenica vi va per prendere il sole e bersi un bicchiere... Il Knoblauchhaus ospita un «Heimatmusem», dall'atmosfera che sconfina quasi nello stravagante-familiare, ed una taverna, che offre vini pagabili e bevibili. Al romantico lume di candela!

Il Quartiere Nikolai ▽

Alexanderplatz

Mitte (Centro)

Uno scorcio di città tipicamente berlinese. Rumoroso, enorme, sproporzionato, amato, odiato. Ma al più tardi da quando l'antieroe Franz Biberkopf, creato dal medico dei poveri Alfred Döblin, ha vissuto qui la sua vita letteraria, l'«Alex» è sulla bocca di tutti. Prima della recinzione della città era un mercato di bestiame. Il nome è dovuto ad una visita di Stato dello zar Alessandro. Solo quando la nuova costruzione della stazione si estese collegando nel 1930 le metropolitane coperte e scoperte su cinque piani, questo nodo di traffico divenne un nucleo fondamentale della rete. I due importanti edifici sorti nell'ambito del Bauhaus, le due case Alexander e Berolina, costruite intorno al 1929 da P. Behrens, l'architetto industriale tedesco di maggior rilievo, valgono la pena di essere visitate nonostante l'attuale abbandono. Lo stesso vale per l'imponente pittura murale all'entrata dell'«Haus des Lehrers» di Walter Womacka, ispirata chiaramente al messicano Diego Rivera (a detta di chi lo dovrebbe sapere). La fontana che si trova accanto all'orologio universale, restaurato, viene chiamata popolarmente «Nuttenbrosche», cioè spilla da puttana, ed era già ai tempi della DDR un punto di incontro per ribelli ed anticonformisti.

▽ *Municipio Rosso*

Municipio Rosso

Mitte (Centro), Rathausstraße/Spandauer Straße

E' la sede ufficiale del sindaco in carica, che dopo l'esodo avvenuto il 3 ottobre 1991 dal famosissimo Municipio di Schöneberg, ha ripreso qui le sue attività per tutta Berlino. L'edificio alto cento metri (punta della torre, asta della bandiera inclusa) e le cui dimensioni sono pure di cento metri per cento, venne progettato nel 1859 da Hermann F. Waesemann e deve l'epiteto di rosso al tipico materiale da costruzione: il clinker proveniente dai dintorni, da un piccolo paesino della marca del Brandenburgo chiamato Wassersuppe. L'edificio è aperto al pubblico.

Marienkirche

Mitte (Centro), Karl-Liebknecht-Straße 8

Menzionata per la prima volta sin dal 1294, venne costruita dapprima come chiesa in pietra ad una navata. La casa di Dio era il centro della città nuova, situata lontana dal guado tra Cölln e Berlino oltre la Sprea. Nel 1420, in seguito a degli incendi, venne rinnovata ed ampliata a tre navate: la «danza macabra», un affresco alto 2 metri e largo 22 nella sala nord della torre, iniziato nel 1485, è uno dei tesori artistici più antichi di Berlino. L'organo Silbermann della chiesa ha visto suonare anche Bach.

Alexanderplatz ▽

Marienkirche ▽

Stadio Olimpico

Charlottenburg-Wilmersdorf, Olympischer Platz

La ristrutturazione dello stadio olimpico, terminato a suo tempo per i giochi estivi del 1936, sta divorando quasi un quarto di miliardo di euro. La struttura era esausta e sarà il teatro delle finali dei mondiali di calcio del 2006. L'area intorno al campo sportivo del Reich è l'arena sportiva concepita con più vasto respiro in Europa. E' costituita dal campo di maggio (Maifeld), dai palazzetti dello sport e dai campi da hockey, dallo stadio per il nuoto, dal palco all'aperto (per concerti rock e classici) e dalla torre campanaria con una veduta panoramica eccezionale (c'è l'ascensore!).

Torre della radio

Charlottenburg-Wilmersdorf, Messedamm 11

«La Spilungona»: i Berlinesi la amano e quando tornano dopo una lunga assenza sospirano profondamente quando sull'**AVUS** rivedono il loro emblema. Illuminata a festa, la sera è visibile da molti posti. E' stata costruita nel 1925 da H. Straumer per la 3a Mostra della radio. Una costruzione in tralicci d'acciaio, alta circa 150 metri. Qui nel 1931 vennero fatti i primi tentativi di trasmissione di immagini televisive. Il ristorante dalla raffinata pannellatura, leggermente impolverato resta attraente e vale la pena visitarlo.

▽ *Stadio Olimpico*

▽ *ICC e fiera · Torre della radio*

ICC e area fieristica

Charlottenburg-Wilmersdorf

Al posto del palazzo dei congressi nel distretto del Tiergarten, rivelatosi ben presto troppo piccolo, nacque tra il 1973 ed il 1979 l'edificio più caro e futuristico della Berlino ovest dell'epoca, l'ICC, non esente inizialmente da molte polemiche. E' l'edificio più imponente della città: lungo 320 metri, largo 80, con un volume di 800.000 metri cubi è capace di accogliere fino a 20.000 persone. Eppure anche questo centro congressi in alcune occasioni si è rivelato già di nuovo troppo piccolo. Sono in discussione eventuali ampliamenti.

Casa delle Culture del Mondo

Mitte (Centro), John-Foster-Dulles-Allee

La Casa delle culture del mondo è stata costruita in occasione della fiera edilizia «Interbau» nel 1957. Una donazione statunitense. L'architetto H. Stubbins è passato per il pioniere dell'ardita costruzione in calcestruzzo. L'«ostrica incinta» piaceva, ma purtroppo i calcoli non tornavano! Nel 1980 il tetto è crollato causando diversi morti. La Casa è stata riaperta nel 1987 e da allora funge da foro di presentazione per artisti dei paesi emergenti e del terzo mondo. La massiccia scultura di Moore, situata lungo la scalinata all'aperto, è una delle opere d'arte moderna più significative di Berlino.

Casa delle culture del mondo (ex sala congressi) ▽

ICC e fiera ▽

Giardino zoologico

Charlottenburg-Wilmersdorf, Hardenbergplatz 8

Il primo giardino zoologico tedesco è nato nel 1844. La collezione di creature esotiche che aveva vissuto sulla Pfaueninsel (isola dei pavoni), si trasferì nell'odierna sede su ordine del re Federico Guglielmo IV. Il Berliner Zoo, nel centro città, è lo zoo che nel mondo vanta il maggior numero di specie – ospita quasi 16.000 animali. Nel 1955, a seguito della divisione della città, venne inaugurato presso il Schloss Friedrichsfelde anche un parco faunistico. Grazie all'ampiezza dei recinti sembra quasi che i circa 5000 animali vivano liberi in una riserva di caccia.

Giardino botanico

Steglitz-Zehlendorf, Unter den Eichen 5–10

Il primo giardino botanico era situato presso il castello di Berlino, laddove oggi a ovest del Duomo si trova il Lustgarten. Il secondo giardino nacque nel Kleistpark. Il giardino botanico di Dahlem, con la sua enorme serra di palme, è quindi il terzo domicilio per le piante della variopinta flora esotica. Molte di queste piante sono nate dai semi che Alexander von Humboldt portò a Berlino 250 anni fa. Oggi workshop e vernici allestiti all'interno del complesso attraggono Berlinesi e ospiti.

▽ *Giardino zoologico, porta degli elefanti*

▽ *Giardino botanico*

Aeroporti

Un tema ricorrente nella politica e nella pianificazione. E' stato chiuso il tradizionale aeroporto di Tempelhof, e anche quello di **Tegel,** ormai al limite delle sue capacità, sospenderà il suo servizio. **Schönefeld,** di contro, diventerà l'aeroporto principale Berlin Brandenburg International (BBI). In quanto High-Tech-Airport a sudest della città con un terminal moderno, piste più lunghe, un proprio collegamento autostradale e stazione ferroviaria centrale si pone come punto chiave diventando un attraente punto di partenza specifico per i voli europei.

Laghi e mete per escursioni

«Een Vajnüjen janz besondra Art is und bleibt ne Dampfafahrt». Questa frase, facile da tradurre, ovvero: «un divertimento tutto sui generis è e rimane un giro in vaporetto», per i Berlinesi – non importa se poveri o ricchi, se giovani o in là con gli anni – è sinonimo di gioia di vivere e di tempo libero di qualità. Va da sé che i vaporetti già da tempo non sono più a vapore, ma navigare facendo grande strepito con battelli di tutti i tipi e dimensioni sull'**Havel**, sulla **Sprea**, sul **Wannsee** e sul **Müggelsee**, guardare nel sole, dar da mangiare ai gabbiani e mandare giù bicchieroni di birra, è un'importante e ben custodita porzione di tempo libero e di qualità di vita.

Future Aeroporto Berlino-Brandeburgo Willy Brandt △▽

Pfaueninsel (Isola dei Pavoni) · Lustschloss

Steglitz-Zehlendorf, Pfaueninsel nell'Havel

Alla fine del 17° secolo Johannes Kunckel di Rendsburg era stato chiamato alla corte del Grande principe elettore in qualità di alchimista. Aveva promesso di produrre artificialmente l'oro. Affinché le operazioni rimanessero strettamente segrete, il discendente di una famiglia boema di vetrai venne esiliato a «Kaninchenwerder» davanti a Potsdam, per condurre colà i propri esperimenti. Ma nel 1677 al posto del metallo nobile egli scoprì per caso il metodo di produzione del vetro rosso rubino, che da allora porta il nome di «Kunckelglas». I suoi laboratori andarono in rovina. L'isola ovale nell'Havel venne poi edificata solo più tardi grazie alla relazione tra il re Federico Guglielmo II e Guglielmina Encke. Nel 1795 il maestro carpentiere di corte, Johann G. Brendel, costruì la residenza estiva, cammuffata da rovina, con vista su Potsdam. Il figlio del re, Federico Guglielmo III, e la sua sposa Luisa vi trascorrevano i mesi estivi e fecero nidificare dei pavoni, da cui il nome all'isola. Conviene visitare il castello e la piccola fattoria (ricostruita) sulla sponda nord. Sull'altra parte dell'Havel si trova una delle più belle chiese del Brandenburgo: la Heilandkirche di Sakrow.

▽ *Wannsee*

▽ *Pfaueninsel (Isola dei Pavoni), Lustschloss*

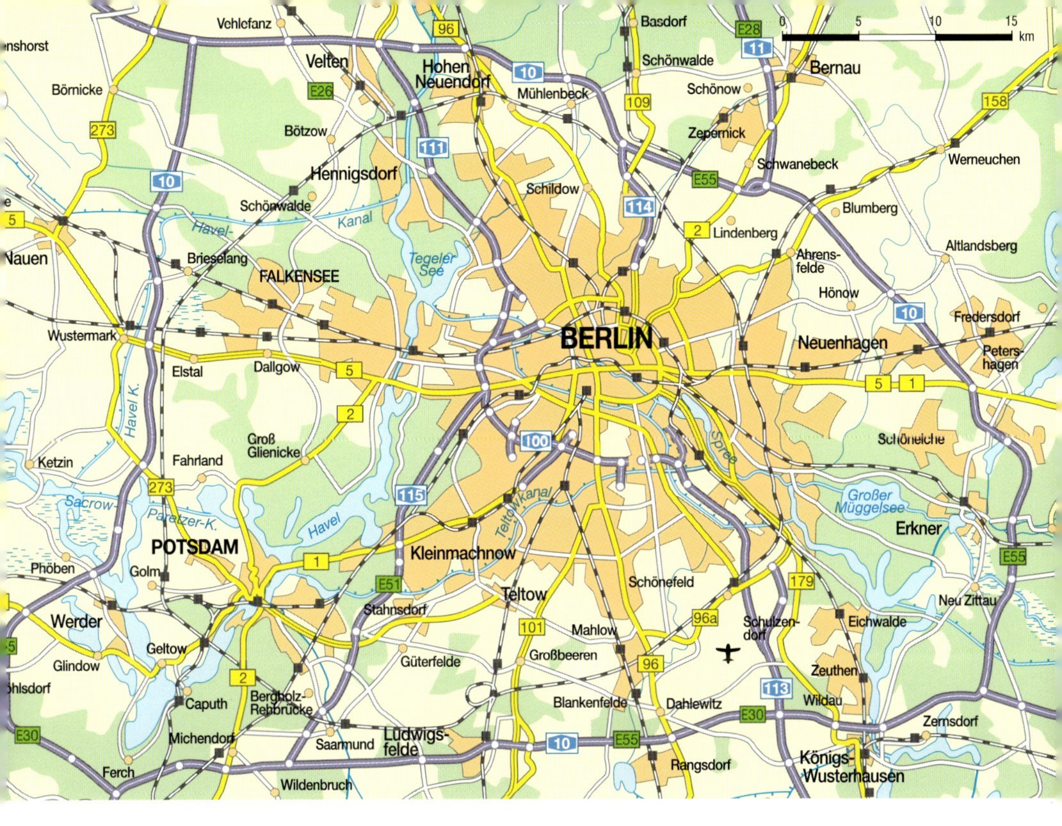

Berlino

storica

Il muro
1961–1989

Passaggi di frontiera Berlino ovest-est

1. Bornholmer Straße
2. Chausseestraße
3. Invalidenstraße
4. Friedrichstraße Checkpoint Charlie
5. Heinrich-Heine-Str.
6. Oberbaumbrücke
7. Sonnenallee

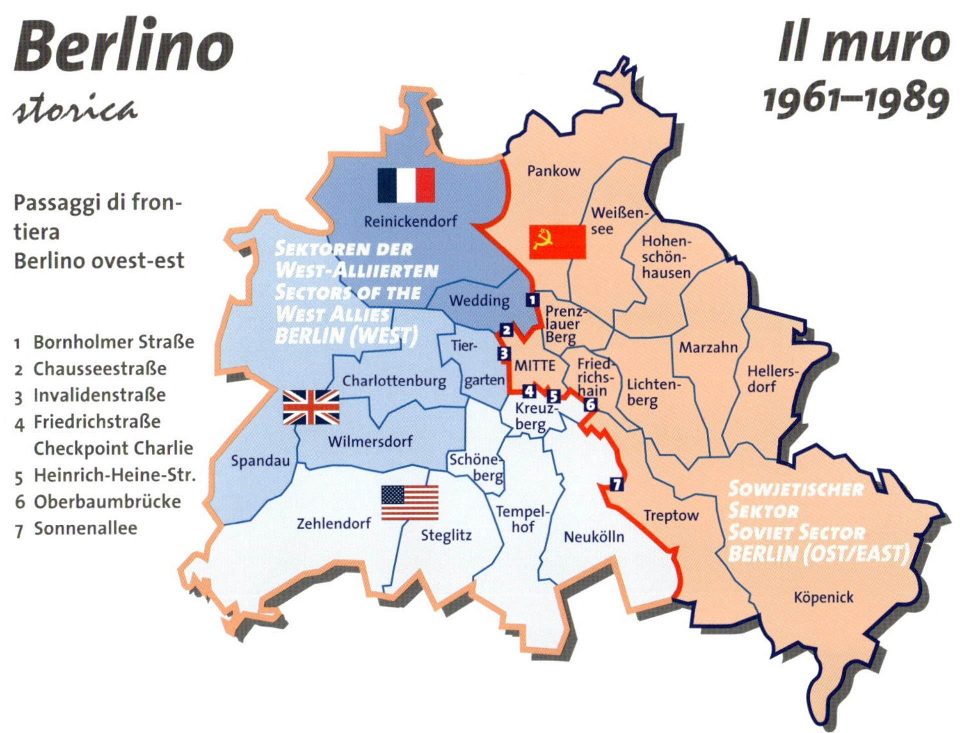

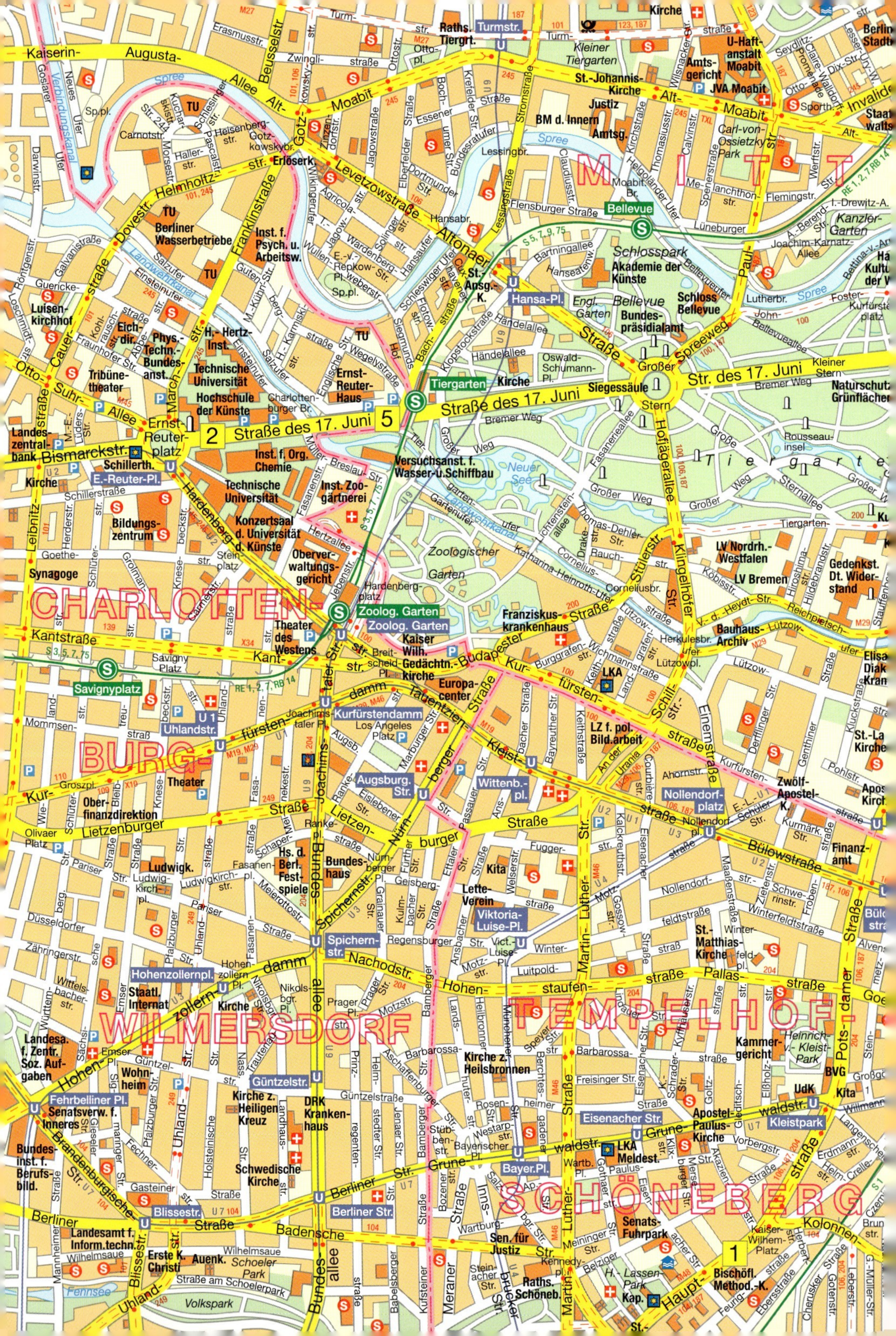

CHARLOTTENBURG
WILMERSDORF
TEMPELHOF-SCHÖNEBERG
MITTE
Tiergarten
Kaiserin-Augusta-Allee
Alt-Moabit
Turmstr.
Raths. Tiergrt.
Kleiner Tiergarten
St.-Johannis-Kirche
Justiz
Amtsg.
BM d. Innern
U-Haft-anstalt Moabit
Amts-gericht
JVA Moabit
Sporth.
Invalidenstr.
Carl-von-Ossietzky-Park
Spree
Lessingbr.
Flensburger Straße
Bellevue
Schlosspark
Akademie der Künste
Schloss Bellevue
Bundes-präsidialamt
Engl. Garten
Hansa-Pl.
Altonaer Str.
Levetzowstraße
Erlöserk.
Helmholtz-str.
Franklinstraße
Berliner Wasserbetriebe
Inst. f. Psych. u. Arbeitsw.
Landwehrkanal
Luisen-kirchhof
Tribüne-theater
Otto-Suhr-Allee
Phys.-Techn. Bundes-anst.
H.-Hertz-Inst.
Technische Universität
Hochschule der Künste
Ernst-Reuter-Haus
Ernst-Reuter-platz
E.-Reuter-Pl.
Bismarckstr.
Schillerth.
Landes-zentral-bank
Kirche
Bildungs-zentrum
Tiergarten
Straße des 17. Juni
Siegessäule
Großer Stern
Hofjägerallee
Spreeweg
Rousseau-insel
Naturschutz Grünflächen
Versuchsanst. f. Wasser-u.Schiffbau
Inst. f. Org. Chemie
Inst. f. Zoo-gärtnerei
Konzertsaal d. Universität d. Künste
Oberver-waltungs-gericht
Zoologischer Garten
Zoolog. Garten
Neuer See
Katharina-Heinrich-Ufer
Franziskus-krankenhaus
LV Nordrh.-Westfalen
LV Bremen
Gedenkst. Dt. Wider-stand
Reichpietschufer
Bauhaus-Archiv
Lützowufer
Lützowpl.
Kurfürstenstraße
LKA
LZ f. pol. Bild.arbeit
Nollendorf-platz
Zwölf-Apostel-K.
Bülowstraße
Finanz-amt
St.-Matthias-Kirche
Winterfeldtstraße
Pallasstraße
Potsdamer Straße
Heinrich-v.-Kleist-Park
Kammer-gericht
BVG
UdK
Kleistpark
Apostel-Paulus-Kirche
Grunewaldstr.
Eisenacher Str.
LKA Meldest.
Bayer.Pl.
Senats-Fuhrpark
Kaiser-Wilhelm-Platz
Bischöfl. Method.-K.
Hauptstr.
H.-Lassen-Park
Theater des Westens
Kaiser Wilh.-Gedächtn.-kirche
Europa-center
Budapester Str.
Hardenbergplatz
Hardenbergstr.
Kantstraße
Savignyplatz
Synagoge
Kurfürstendamm
Uhlandstr.
Los Angeles Platz
Tauentzienstr.
Augsburg. Str.
Wittenb.-pl.
Theater
Ober-finanzdirektion
Lietzenburger Straße
Olivaer Platz
Ludwigkirchpl.
Hs. d. Berl. Fest-spiele
Bundes-haus
Spichernstr.
Nachodstr.
Viktoria-Luise-Pl.
Lette-Verein
Kita
Hohenzollernpl.
Hohenzollerndamm
Staatl. Internat
Kirche
Landesa. f. Zentr. Soz. Auf-gaben
Fehrbelliner Pl.
Senatsverw. f. Inneres
Bundes-inst. f. Berufs-bild.
Brandenburgische Str.
Güntzelstr.
Kirche z. Heiligen Kreuz
DRK Kranken-haus
Schwedische Kirche
Berliner Str.
Blissestr.
Landesamt f. Inform.techn.
Erste K. Christi
Auenk.
Wilhelmsaue
Schoeler Park
Volkspark
Fennsee
Bundesallee
Badensche Str.
Kirche z. Heilsbronnen
Barbarossastr.
Martin-Luther-Str.
Sen. für Justiz
Raths. Schöneb.
Prager Pl.

Uni-Klinikum
Charité-Campus
Oranienburger Tor
St.-Joh. Ev. Kirche
St.-Hedwig-Krkhs.
Wein-meister-str.
R.-Lux.-Pl.
2
Hauptbahnhof
Humboldt-Universität
Kammer-spiele
Oranienburger Str.
Sophien-kirche
Charité-Mitte
Friedrichstadt-palast
Monbijoupark
LPVA
LKA
Alexanderp.
Hackescher Markt
Alexander-platz
5
Spreebogen-park
Bode-mus.
Museums-insel
Friedr.str.
Fernseh-turm
Alex.-pl.
Bundestag
P.-Löbe-Haus
M.-E.-Lüders-Haus
Friedrichstr.
Berliner Dom
Bundes-kanzleramt
Reichstags-geb.
J. Kaiser-haus
Bundes-presseamt
Humboldt-Universität
Lust-garten
St. Marien-K.
Rotes Rath.
Scheidemannstr.
Dorotheen-
Brandenb. Tor
Unter den Linden
Karl-Liebknecht-Str.
Spandauer Straße
Klosterstr.
Altes Stadths.
Brandenburger Tor
des 17. Juni
Branden-burger Tor
Komische Oper
Deutsche Staatsoper
Rath. Marstall
Stadtbibl.
Stralauer Straße
Holocaust-Denkmal
Französ. Str.
Franz. Dom
Werderscher Markt
Bundes-min.
Jannowitzbr.
Deut. Dom
Gendarmen-markt
Hausvogtei-pl.
Ausw. Amt
Fischer-insel
96
Mohrenstr.
Stadt-mitte
Leipziger Straße
1
Spittel-markt
Märk. Mus.
Potsdamer Platz
Potsdamer Pl.
BM Finanzen
Abge-ordneten-haus
Mus. f. Komm.
Heinr.-Heine-Str.
Philh.
Staats-biblio-thek
Matthäi-kirchpl.
Niederkirchner Str.
Zimmerstraße
Bundes-druckerei
Kita
M.-Gropius-Bau
Kochstr.
Rudi-Dutschke-Str.
Oranienstr.
St.-Lukas-K.
Europahaus Dtl.haus
Landes-arbeitsamt
St.-Michael-K.
Anhalter Str.
Dreifaltigkeitsk.
St.-Clemens-Kirche
St.-Jacobi-K.
Moritzpl.
Mendelss.-Barth.-Park
Anhalter Bf.
Blumenm.
Berliner Museum
Jüd. Museum
St.-Simeon-K.
St.-Agnes-K.
Garten-bauamt
Willy-Brandt-Haus
Berlin-Kolleg
Familien-gericht
Post-bank
Theater
FRIEDRICHSHAIN-KREUZBERG
Gleisdreieck
Möckernbr.
AOK
Hallesches Tor
Patentamt
Gitschiner Straße
Skalitzer Str.
Kottbusser Tor
Prinzenstr.
Dt. Technik-museum Berlin
Lok-schuppen
Amerik.-Gedenkbibl.
Stadthaus Böckler-park
Landwehrkanal
Urbanhafen
Wasserturm
Blücher-
Mehringdamm
Finanzamt Kreuzb.
Heil.-Kreuz-kirche
Christus-kirche
Rathaus Kreuzberg
Urbanstr.
Vivantes-Klin. Am Urban
Melanch-thonk.
Christus-k.
Yorckstr. (Großgörschenstr.)
Yorckstraße
Yorckstr.
St.-Bonifatius-Kirche
Gneisenaustraße
Gneisenaustr.
Südstern
K. a. Süd-stern
Jesus-kirche
Victoria-park
Passions-K.
Hasenheide
Kap.
St.-Johannes Basilika
Jgd.-club
Meldestelle
KFZ-Zul.
Schwiebusser Straße
Quartier
Pl. der Luftbrücke
Hauptzolla. Süd
Columbiadamm
Duden-str.
Präsidium
Volkspark
Sportpl.

Informazioni

PREFISSO DI BERLINO

+49 - (0) 30

INFORMAZIONI

visitBerlin – Berlin Tourist Info
Stazione centrale, piano terra / ingresso Europaplatz
Europa-Center, Tauentzienstr. 9, Erdgeschoss
Porta di Brandeburgo:
Pariser Platz / ala meridionale
Torre della Televisione
Panoramastraße 1a
Aeroporto di Tegel
Terminal A, Gate 1
Info-Pavilion, Rankestr./Ecke Kurfürstendamm 1
Informazioni/Prenotazioni: tel. 25 00 23 33,
info@visitBerlin, www.visitBerlin.com

AEROPORTI, FERROVIE E TRASPORTO PUBBLICO LOCALE

Aeroporti di Tegel e Schönefeld
www.berlin-airport.de, Info-tel. 60 91 11 50
Deutsche Bahn AG,
Centro servizi Deutsche Bahn:
0180-599 66 33 servizio a pagamento.
Informazioni sugli orari: 0800-150 70 90
Berliner Verkehrsbetriebe (BVG), tel. 194 49

VISITE DELLA CITTÀ

BVG Top Tour, tel. 25 62 55 56
BVB Bus Verkehr Berlin, tel. 683 89 10
Tempelhofer Reisen, tel. 752 30 61
Severin und Kühn, tel. 880 41 90
Berolina Sightseeing, tel. 88 56 80 30
Stattreisen Berlin e.V., tel. 455 30 28

AUTONOLEGGI

VeloTaxi, tel. 400 56 20
Berlin Rikscha Tours, tel. 0163-3 07 72 97

MUSEI E ATTRAZIONI

www.museumsportal-berlin.de
www.berlin.de/orte/sehenswuerdigkeiten
www.visitberlin.de/de/sehen

EMERGENZE

Vigili del fuoco / soccorso di emergenza:	112
Polizia / emergenze:	110

SOCCORSO STRADALE

ACE-Autoclub Europa
tel. 01802-34 35 36
ADAC Berlino-Brandeburgo
tel. 0180-222 22 22

UFFICI OGGETTI SMARRITI

Centrale oggetti smarriti
Platz der Luftbrücke 6, tel. 90277-3101
Oggetti smarriti BVG
Potsdamer Str. 180/182, tel. 194 49

TAXI

tel. 21 01 01, 26 10 26, 44 33 22, 20 20 20

Torre della TV, Alexanderplatz ▷

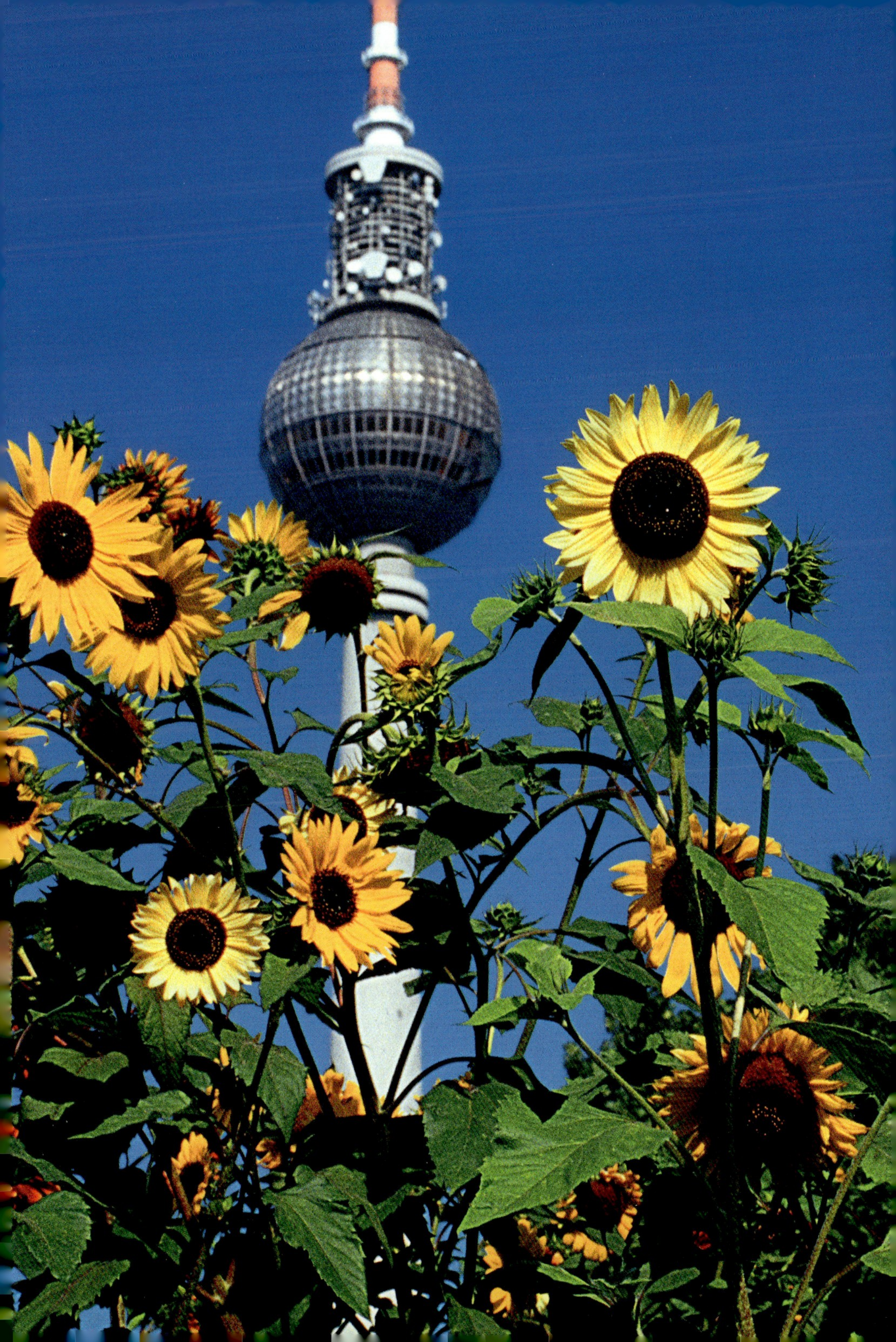

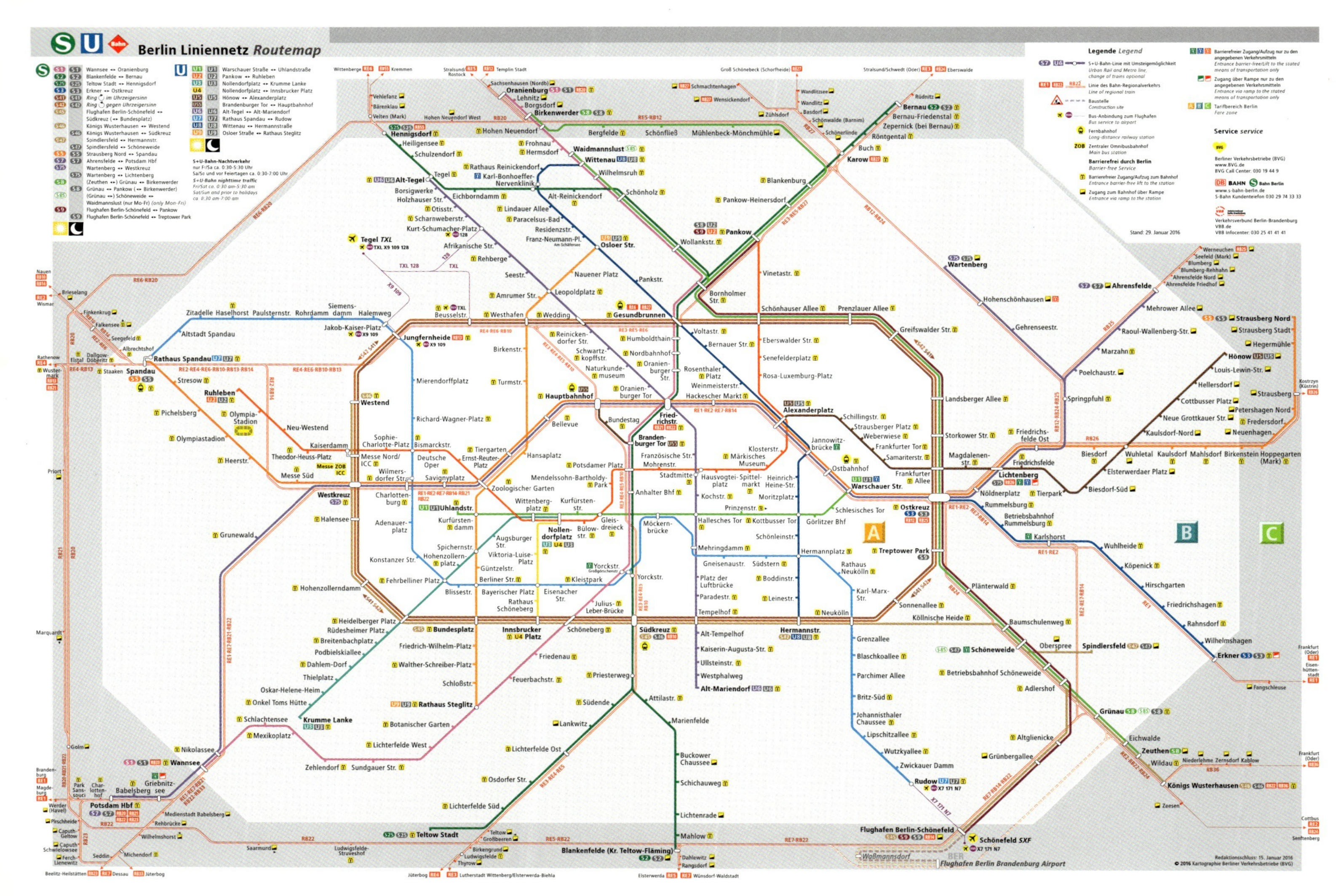

Berlin Liniennetz Routemap
S1 Wannsee ↔ Oranienburg
S2 Blankenfelde ↔ Bernau
S25 Teltow Stadt ↔ Hennigsdorf
S3 Erkner ↔ Ostkreuz
S41 Ring im Uhrzeigersinn
S42 Ring gegen Uhrzeigersinn
S45 Flughafen Berlin-Schönefeld ↔ Südkreuz (↔ Bundesplatz)
S46 Königs Wusterhausen ↔ Westend
S47 Spindlersfeld ↔ Hermannstr.
S5 Strausberg Nord ↔ Spandau
S7 Ahrensfelde ↔ Potsdam Hbf
S75 Wartenberg ↔ Westkreuz
S8 Wartenberg ↔ Lichtenberg
S85 Grünau ↔ Pankow (↔ Birkenwerder)
S9 Flughafen Berlin-Schönefeld ↔ Pankow
U1 Warschauer Straße ↔ Uhlandstraße
U2 Pankow ↔ Ruhleben
U3 Nollendorfplatz ↔ Krumme Lanke
U4 Nollendorfplatz ↔ Innsbrucker Platz
U5 Hönow ↔ Alexanderplatz
U55 Brandenburger Tor ↔ Hauptbahnhof
U6 Alt-Tegel ↔ Alt-Mariendorf
U7 Rathaus Spandau ↔ Rudow
U8 Wittenau ↔ Hermannstraße
U9 Osloer Straße ↔ Rathaus Steglitz
S+U-Bahn-Nachtverkehr
S+U-Bahn nighttime traffic
Legende Legend
S+U-Bahn-Linie mit Umsteigemöglichkeit
Urban Rail and Metro line, change of trains optional
Linie des Bahn-Regionalverkehrs
Line of regional train
Baustelle
Construction site
Bus-Anbindung zum Flughafen
Bus service to airport
Fernbahnhof
Long-distance railway station
ZOB Zentraler Omnibusbahnhof
Main bus station
Barrierefrei durch Berlin
Barrier-free Service
Barrierefreier Zugang/Aufzug zum Bahnhof
Entrance barrier-free lift to the station
Zugang zum Bahnhof über Rampe
Entrance via ramp to the station
Tarifbereich Berlin
Fare zone
Service service
Berliner Verkehrsbetriebe (BVG)
www.BVG.de
BVG Call Center: 030 19 44 9
www.s-bahn-berlin.de
S-Bahn Kundentelefon 030 29 74 33 33
Verkehrsverbund Berlin-Brandenburg
VBB.de
VBB Infocenter: 030 25 41 41 41
Stand: 29. Januar 2016
Redaktionsschluss: 15. Januar 2016
© 2016 Kartographie Berliner Verkehrsbetriebe (BVG)

BERLIN
Jungfernsee
Havel
Berliner Vorstadt
Heiliger See
Tiefer See
Park Babelsberg
Babelsberg
Teltower Vorstadt
Neuer Garten
Nedlitzer Straße
Jägervorstadt
Ruinenberg
Volkspark
Brandenburger Vorstadt
Park Sanssouci
Park Charlottenhof
Forst Katharinenholz
Potsdam
Vorderkappe
Brauhausberg
Potsdam Hbf
Lange Brücke
Humboldtbrücke
Nuthestraße
Heinrich-Mann-Allee
Friedrich-Engels-Straße
Zeppelinstraße
Kastanienallee
Geschwister-Scholl-Straße
Bornstedter Straße
Pappelallee
Potsdamer Straße
Amundsenstraße
Forststraße
Am Neuen Palais
Schloss Sanssouci
Orangerie
Neues Palais
Lustgarten
Charlottenhof
Landtag
Nikolaikirche
Schopenhauerstr.
Breite Straße
Am Neuen Garten
Alexandrowka
Russische Kolonie
Wildpark
Neustädter Havelbucht

Potsdam · Il Castello ed il Parco di Sanssouci

Schopenhauerstraße/Zur historischen Mühle

Il re Federico II sin dagli anni giovanili aveva fatto dei piani per voltare le spalle a Berlino e trasferire la propria residenza vicino a Potsdam in una «vigne», una specie di casetta per viticoltori. Non è da escludere che su tali pensieri abbia influito il filosofo Voltaire. Il monarca stesso disegnò i primi schizzi, in base ai quali incaricò poi Georg W. von Knobelsdorff di realizzare il progetto. Anche il nome Sanssouci è stato dato da Knobelsdorff: da giovane aveva frequentato la casa della famiglia von Manteuffel, la cui tenuta si chiamava «senza dispiaceri». Traducendo liberamente divenne «sans souci» (senza preoccupazioni). In seguito a dei diverbi tra il commissionante reale e l'architetto, Knobelsdorff cadde in disgrazia. Intorno al 1748 il complesso, dall'aspetto delicato nonostante le notevoli dimensioni, venne terminato dall'olandese Johann Boumann. I vigneti a terrazza, impiantati artificialmente, rimangono il fattore dominante del «castello sulla collina» famoso in tutto il mondo. Una volta conclusi i lavori, Federico il Grande dopo gli anni segnati dalla fame della guerra dei sette anni, chiamò nella sua cerchia pensatori,

▽ *Castello Sanssouci con terrazze e «piano terra» coltivato con viti reseda*

uomini di stato, illuministi (e perfino il viveur veneziano Giacomo Casanova). Il monarca sensibile all'arte si rivelò anche un eccellente flautista. I suoi cani, agili levrieri italiani, non mancavano mai. «Donnette e preti» (queste le parole del signore del paese) però qui non avevano nulla da cercare. Al termine del viale principale del parco Federico II eresse dal 1763 al 1769 il **Neues Palais** con 300 stanze. L'iniziativa mirava soprattutto a procacciare ordini e procurare posti di lavoro ad artigiani altamente qualificati in un'economia edilizia poco fiorente dopo le tre guerre per la Slesia. Anche i successori del Vecchio Fritz (come per esempio il musicale e italofilo Federico Guglielmo IV) annessero al **Parco** di Sanssouci sempre di nuovo delle parti nuove, creando su un'area di circa 300 ettari uno dei più bei complessi di castelli e parchi d'Europa. Federico II vi morì il 17.8.1786; dal 18.8.1991 vi è anche sepolto, come del resto aveva chiesto nel suo testamento. Coperto da una semplice lastra di pietra, attorniato dai suoi cani preferiti.

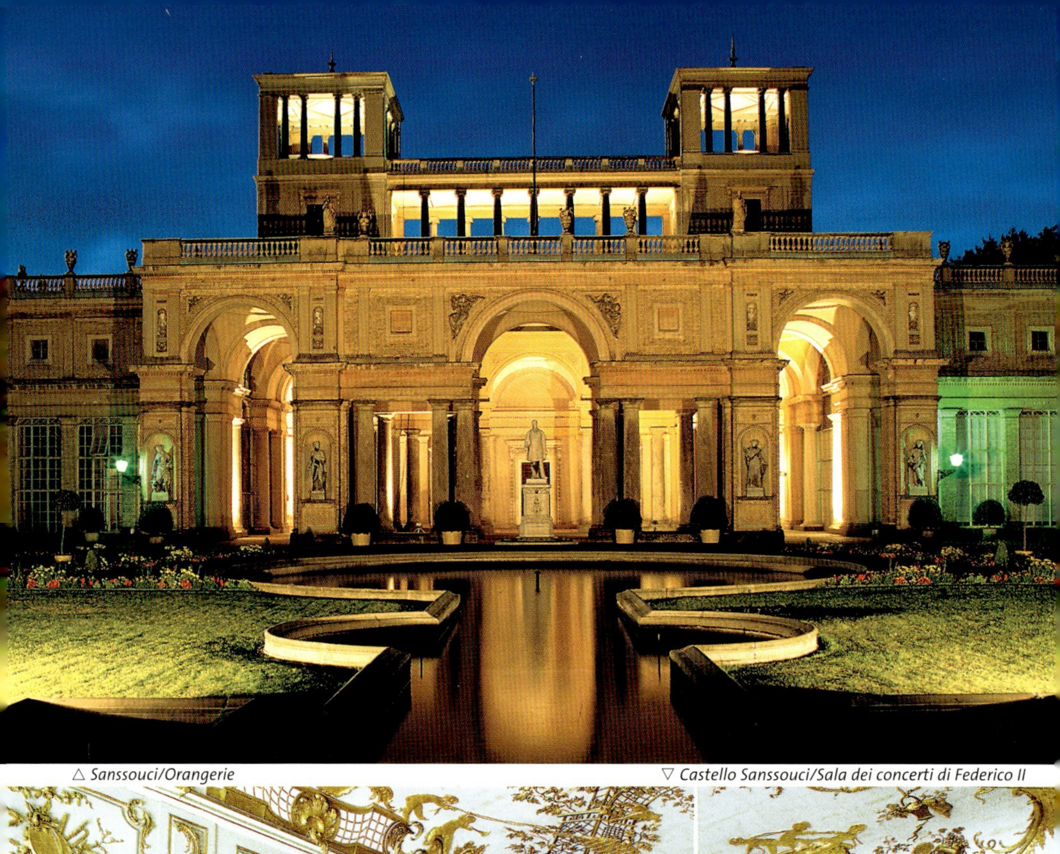

△ *Sanssouci/Orangerie*

▽ *Castello Sanssouci/Sala dei concerti di Federico II*

△ Sanssouci/Neues Palais

▽ Sanssouci/Casa da tè cinese (1754–1757)

Potsdam · Castello Cecilienhof

Am Neuen Garten

Sulle sponde del Heiliger See, il principe ereditario Guglielmo, figlio di Guglielmo II si fece costruire tra il 1914 ed il 1917 una residenza signorile moderna, in stile casa di campagna inglese, con un salone a due piani ed un impianto di climatizzazione ad aria di ricircolo! La rivoluzione del 1918 lo costrinse ad abbandonare temporaneamente la residenza, ma fino al 1944 abitò tra le mura con travatura reticolare e la famosa «scala delle corporazioni delle arti e dei mestieri di Danzica». Nell'estate del 1945 si sono riunite qui in occasione della Conferenza di Potsdam le tre grandi potenze.

Potsdam · Babelsberg

Park Babelsberg

Il castello di Babelsberg, ad imitazione dell'allora moderno stile Tudor, è nato dai progetti dell'architetto prussiano Carl F. Schinkel copiando il Windsor Castle. In prossimità dell'Havel venne terminata la prima ala nel 1835. Colui che in seguito sarebbe diventato l'imperatore Guglielmo I apprezzò sempre, fino in età avanzata, il poter abitare al fresco e in penombra, lontano da Berlino. Babelsberg oggi però è importante come città cinematografica grazie al moderno centro mediale situato sull'ex area Ufa.

▽ *Castello Cecilienhof nel Neuen Garten*